Sicher ist sicher. Bei aller Sorgfalt, die wir in der Recherche haben walten lassen, können sich Öffnungszeiten auch einmal kurzfristig ändern, oder ein Lokal ist gerade an Ihrem perfekten München Wochenende ausgebucht oder geschlossen. Darum empfehlen wir grundsätzlich möglichst weit im Voraus zu reservieren. Ein kurzer Anruf genügt und Sie können sicher sein zur vereinbarten Zeit einen Platz zu finden.


in Kooperation mit smart-travelling GbR, Berlin
Reihe „Ein perfektes Wochenende in ..."

Idee und Konzept: Nicola Bramigk, Nancy Bachmann, Judith Homoki und e27
Texte: Nicola Bramigk
Fotos: Katharina Gossow

Umschlaggestaltung: Verena Bettin, e27, Eberhard Wolf
Art Direktion: Verena Bettin, e27
Illustration: Verena Bettin, Stadtkarte: Julia Wolf

Redaktion: Nicola Bramigk, Nancy Bachmann, Renate Bugyi-Ollert

Projektleitung: Dirk Rumberg Produkt Manager: Gabriella Hoffmann
Produktion: JournalMedia GmbH, München
Herstellung: H. Weixler, T. Neseker
Druck: Himmer AG, Augsburg

Printed in Germany
1. Auflage 2007

ISBN: 978-3-86615-429-2

SMART
TRAVELLING

# EIN PERFEKTES WOCHENENDE IN ...
# MÜNCHEN

www.smart-travelling.net

# LIEBLINGSADRESSEN IN MÜNCHEN

Hotel: Hotel Cortiina
Ledererstraße 8
Tel: 0049 (0)89 2422490
Seite 8

Hotel: Bayerischer Hof
Promenadenplatz 2-5
Tel: 0049 (0)89 21200
Seite 14

Restaurant: Landersdorfer & Innerhofer
Hackenstraße 6-8
Tel:0049 (0)89 26018637
Seite 20

Restaurant: Tantris
Johann-Fichte-Straße 7
Tel: 0049 (0)89 361959-0
Seite 30

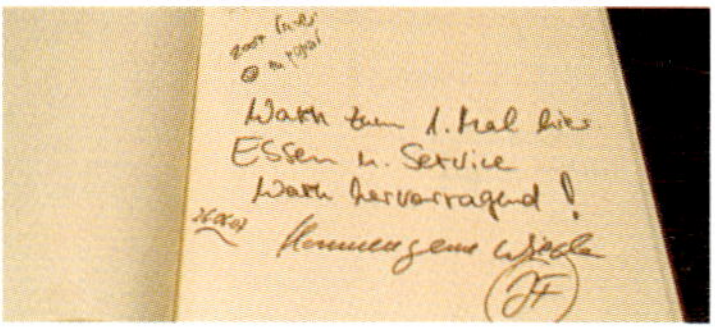

Restaurant: Schmock
Augustenstraße 52
Tel:0049 (0)89 52350535
Seite 40

Restaurant: St. Emmeramsmühle
Sankt Emmeram 41
Tel: 0049 (0)89 953971
Seite 48

☞ Weitere Adressen finden Sie unter www.smart-travelling.net

Restaurant: Augustiner
Neuhauser Straße 27
Tel: 0049 (0)89 23183257
Seite 56

Restaurant: Wallner
Kochelseestraße 13
Tel:0049 (0)89 764531
Seite 62

Café: Bar Centrale
Ledererstraße 23
Tel:0049 (0)89 223762
Seite 70

Bar: Tabacco Bar
Hartmannstraße 8
Tel: 0049 (0)89 227216
Seite 76

Shop: Dallmayr Delikatesshaus & Café
Dienerstraße 14-15
Tel: 0049 (0)89 2135-0
Seite 82

Gut zu wissen
Tipps, Ausflüge, Spaziergänge
Seite 89

IMBISS
nal Münchner Weißwurst
PAULANER
PAULA
PAULA
AULANE

# GEMÜTLICHKEIT UND LUXUS

München ist laut Umfrage das beliebteste deutsche Reiseziel. Bei einem Besuch an einem lauen Sommerabend im Biergarten mit frischgezapftem Bier unter einer Kastanie sitzend, kommt an dem Ergebnis auch kaum mehr ein Zweifel auf. München ist schön. Das Leben mit einem Cappuccino auf einer der vielen italienisch anmutenden Terrassen wirkt gelassener, sicher mediterraner und auf alle Fälle wohliger als in jeder anderen Großstadt. Sowieso reichte München gefühlt schon immer bis zum Gardasee. Woraufhin sich eine völlig neu interpretierte italienische Küche entwickelte, die mit den in Italien gängigen Gerichten zwar kaum Gemeinsamkeiten aufweist – doch die 21. italienische Provinz hat eben ihre eigene kulinarische Tradition.

Und was wäre München ohne den Charme seiner grotesken Gegensätze? Ohne den gewissen luxuriösen Größenwahn, der sich in dem Leben um die Maximilianstraße abspielt, geht es genauso wenig wie ohne die raubeinigen Einflüsse der Urbayern, die sich in den Ritualen auf der Wiesn einmal im Jahr zuspitzen und die Welt in neugieriges Staunen versetzen. Die Münchner kommen übrigens auf einen beachtlichen Durchschnittsverbrauch von 162 Liter Bier pro Kopf im Jahr. Dazwischen sorgen Kulturmenschen, Medienmacher und Kreative für genügend Tiefe sowie ein interessantes breites Kulturangebot und erwecken nebenbei ihre bevorzugten Lebensräume wie die Maxvorstadt und das Glockenbachviertel zu einem liebenswerten Anziehungspunkt mit Galerien, Cafés und frischen Ladenkonzepten – kurzum alle Bedürfnisse anspruchsvoller Reisender auf der Suche nach dem München zwischen Cabrio- und Bierhauptstadt.

# CORTIINA

Das Cortiina landete 2001 wie ein Ufo aus dem All. Mehr Boutique Hotel als Design Hotel setzte es einen erfrischenden Meilenstein in der Münchner Hotelszene. Gäste wie auch Münchner, die ihre Cortiina Bar vom ersten Tag an liebten, waren sich einig: Das Duo Rudi Kull, Gastronom, und Albert Weinzierl, Designer, haben hier einfach alles richtig gemacht. Gemäkel über das Cortiina haben wir jedenfalls noch nie gehört. Mit dem Einsetzen hochwertiger naturbelassener Materialien wie der hundertjährigen Mooreiche und dem Blauen Jura hat Albert Weinzierl ein klares Bild verfolgt, das sich bis in die ungebleichte Bettwäsche durchzieht: allesamt Materialien, die mit Würde altern, ja sogar nach Jahren oft noch schöner werden.
Das Frühstück mit Tee von Mariage Frères trifft genau die heutigen Bedürfnisse nach den Lieblingsprodukten weit gereister Stadtnomaden. Ergänzt wird es mit dem Besten, was München kulinarisch zu bieten hat: Rohmilchkäse vom Tölzer Kasladen sowie erstklassiges Brot von der Hofbäckerei Pfister.
Nachmittags wartet schon der flackernde Kamin beim Afternoon Tea mit Scones und Gurkensandwiches, der auf wunderschönem gesampelten Vintage Porzellan von Nymphenburg serviert wird. Im wechselhaften Münchner Wetter klebt dieses Trostpflaster genau an der richtigen Stelle.

Hotel Cortiina Adresse: Ledererstraße 8, München – Zentrum
Tel: 0049 (0)89 2422490 Internet: www.cortiina.com Preise: DZ inklusive Frühstück 196 Euro; es gibt keine Weekend Specials oder Sondertarife

SPL

## ☞ Hotel La Maison

Da das Hotel Cortiina auch gerne mal ausgebucht ist, möchten wir das Hotel La Maison als eine Alternative wärmstens empfehlen. Es liegt im nördlichen Teil Schwabings unweit der Münchner Freiheit, zwar weniger zentral, dafür erreichen Sie vom Hotel aus schneller den Flughafen. Die Zimmer sind ganz unterschiedlich gestaltet, mal etwas sündiger in Schwarz und dunklem Rot tapeziert, andere Räume dagegen bestechen mit goldenen Palmentapeten. Das großzügige Foyer umfasst eine Bar und ein Restaurant, in dem auch gefrühstückt wird. Das Frühstück offeriert eine gute Auswahl an frischen Produkten, aber auch deftigen Komponenten. Überall gibt es WLAN, ein seltener Service, den viele zu schätzen wissen. Besonders sympathisch ist der „leave and go“-Service, bei dem häufig kommende Gäste ihre Sachen im Hotel lassen können und bei der nächsten Anreise wieder im Zimmer vorfinden.

Occamstraße 24, München – Schwabing
Tel: 0049 (0)89 33035550, Internet: www.hotel-la-maison.com
Preise: DZ 185 Euro inklusive Frühstück

## ☞ Hotel Olympic

Wer im beliebten Gärtnerplatzviertel wohnen möchte, dem sei das Hotel Olympic ans Herz gelegt. Es ist ein kleines charmantes Stadthotel mit alten Möbeln – zugegeben, etwas spärlich eingerichtet, aber im Rahmen des kleinen Angebotes noch stimmig. Das Schöne an der Lage des Hotels ist, dass es zum Essen nur ein Paar Schritte sind. Die Königsquelle am Baaderplatz ist zum Beispiel ein guter Tipp zum Schnitzel Essen.

Hans-Sachs-Str. 4, München – Gärtnerplatzviertel
Tel: 0049 (0)89 231890, Internet: www.hotel-olympic.de
Preise: DZ 150 bis 200 Euro inklusive Frühstück

Bayer. Hof München 04

BAYERISCHER HOF

# DER BAYERISCHE HOF

Der Bayerische Hof ist München in Kleinformat. Beide spielen raffiniert mit ihren Gegensätzen: urig und hipp, zünftig und modern. Sie müssten das Hotel gar nicht erst verlassen, um München einmal richtig kennen zu lernen. Dass München gefühlt bis zum Gardasee reicht, können Sie schon mal auf der Terrasse des Garden Restaurant mit mediterraner Küche erahnen. Beim großartigen Champagnerfrühstück kann einem Münchens große Liebe zum Luxus allerdings auch mal etwas zu gülden und kitschig werden. Doch der herrliche Blick über die Skyline macht dies wieder wett. Richtig gemütlich und weit gereist lassen sich die Zimmer im afrikanischen Kolonialstil genießen. Doch sind Sie nicht nach München gefahren, um die urbayerische Küche kennen zu lernen? Im Palais Keller aus dem Jahre 1425 mit Weißbier, einer Brez'n und reschem Schweinsbraten könnten Sie das ganz schnell nachholen. Wem jetzt der Sinn nach einem frischen Kontrast steht, wird in der viel besprochenen Falk's Bar am blaugrün schimmernden Tresen finden, was er sucht. Das absolute Highlight befindet sich direkt auf dem Dach. Stararchitektin Andrée Putman hat den Bayerischen Hof mit dem Spa-Bereich in eine neue Liga befördert. Vom Pool und der Bar mit Kamin aus schaut man über ganz München. Dieser Ausblick ist mit Sicherheit ein weiterer Grund ein Wochenende in München, nein im Bayerischen Hof zu verbringen.

Hotel Bayerischer Hof Adresse: Promenadenplatz 2-5, München – Zentrum
Tel: 0049 (0)89 21200 Internet: www.bayerischerhof.de
Preise: DZ ab 260 Euro, Champagner-Frühstücksbuffet 24,50 Euro
weekend rates ab 220 Euro inkl. Frühstück

## ☞ Kleine Geschichte

1839

Seine Majestät Ludwig I. von Bayern wünscht sich ein Hotel für seine Gäste und lässt das Hotel unter der Hand von Ritter Joseph Anton von Maffei am Promenadeplatz bauen.

1897

Knapp 100 Jahre später kauft Hermann Volkhardt das Hotel Bayerischer Hof für knapp drei Millionen Goldmark und modernisiert es erst einmal.

1944/1945

Als der Bayerische Hof in der Nacht vom 24. auf den 25. April 1944 bei einem Bombenangriff zerstört wird, scheint die Lage hoffnungslos. Doch Hermann Volkhardt möchte das Hotel schöner aufbauen, als es je war. Ein Jahr später entdeckt sein Sohn Falk, dass der Spiegelsaal fast unzerstört geblieben ist und eröffnet das erste Restaurant nach dem Krieg in der Innenstadt.

1969

Falk Volkhardt erwirbt das angrenzende Palais Montgelas und lässt den klassizistischen Bau renovieren.

1994 – 2004

Seine Tochter Innegrit Volkhardt wird geschäftsführende Leitung des Hotels Bayerischer Hof. Innegrit gibt den nötigen Anschub, das Haus nach und nach den heutigen Bedürfnissen anzupassen. Das ausgebaute Dach wird in einen Spa-Bereich verwandelt und 2005 von der französischen Architektin Andrée Putman fertiggestellt.

Gedeck € 1,80
4-Gang-Menü
€ 52,-
jeder weitere
Gang € 8,-

# LANDERSDORFER & INNERHOFER

„Guat soll es einfach sein", antwortet Johann Landersdorfer, Koch und Besitzer, auf die Frage nach seinem Konzept. Er behauptet zwar, sie hätten 2000 ohne einen konkreten Plan im Kopf gestartet und munter drauf losgekocht. Doch „Guat soll es einfach sein" klingt nach einem klaren Programm aus purer Leidenschaft ohne jeden Schnörkel. Womit das Landersdorfer & Innerhofer auch schon beschrieben wäre. Der Rest der Erfolgsgeschichte reiht sich wie Perlen einer Kette harmonisch aneinander. Die Gäste kamen, alle fühlten sich in den schlichten Räumen wohl. Ob Rindertartare auf Kartoffelpüree oder Rochenflügel auf Pakchoi, alles ist auf den Punkt präzise gelungen, ohne dabei in Bonsaiportiönchen abzudriften. Und garantiert werden Sie das köstliche Basilikumsorbet nie wieder von Ihrer Gourmetfestplatte löschen können. „Die Karte haben wir aus Zeitmangel abgeschafft", sagt Johann, „wir fragen die Gäste zu Beginn, was sie nicht essen können". Eine Freude für Entscheidungsmüde. „Einige Gäste, die sich aus Scheu nie ein Beuschel oder Kalbskopf auf der Karte wählen würden, lernen bei uns neue Gerichte kennen, einfach weil sie vergessen haben zu erwähnen, dass sie beispielsweise nie Innereien anrühren würden", erwähnt schmunzelnd Robert Innerhofer, der im Restaurant für Service und Wein zuständig ist. Die Weine kommen hauptsächlich aus Österreich und bei Interesse können Sie sich auch noch eine Weinbegleitung zu jedem Gericht wünschen.

Landersdorfer & Innerhofer Adresse: Hackenstraße 6-8, München – Zentrum Tel: 0049 (0)89 26018637 Öffnungszeiten: Montag – Freitag 11.30 – 14.00 Uhr und 18.30 – 1.00 Uhr, Samstag + Sonntag geschlossen

## Ein Gespräch mit den Besitzern Johann Landersdorfer und Robert Innerhofer

Küchenchef und Sommelier

Wo haben Sie sich eigentlich kennen gelernt?

Das war 2000 auf einer Weinprobe. Man hat uns vorgestellt mit den Worten: „Ihr solltet Euch mal kennen lernen, Ihr passt gut zusammen."

Und auch das Vertrauen etwas zusammen zu machen war sofort da?

Ja, das Gefühl stellte sich schnell ein und es funktioniert immer noch. In der SZ haben wir dann die Anzeige für das Restaurant in der Hackenstraße gefunden. Es sah damals furchtbar aus. Wir haben alles rausgerissen und das gefunden, was sie heute sehen.

Und wie ging es dann los?

Wir haben allen Freunden und Bekannten am 1. Juli 2000 Bescheid gegeben. Sie haben von nachmittags um drei bis morgens um drei gegessen.
Am nächsten Tag zum Mittag kamen nur zwei Gäste, ein Architekt und ein Fotograf. Wir dachten nur: „Schrecklich." Am Abend kamen dann zum Glück schon fünfzehn Gäste. Nach einem guten Jahr hat der Laden dann gebrummt.

Wie entscheidet Ihr, was gekocht wird?

Ich verarbeite einfach das, was gerade schmeckt. Die Fleischzulieferer kommen aus Niederbayern und wissen ganz genau, wenn sie schlechte Qualität bringen, können sie ihr Zeug gleich wieder mitnehmen.

Wie haben Ihre Stammgäste reagiert, als die Karte plötzlich weg war?

Manche sind tatsächlich aufgestanden und wieder gegangen. Doch einige sind gerade deshalb gekommen. Es ist auch mal schön sich überraschen zu lassen.

## ☞ L&I

2006 folgte noch das moderne Bistro zum Landersdorfer & Innerhofer. Gekocht wird im gleichen Stil, nur isst man à la carte und findet auch mal eine Pasta oder ein Risotto. Viele Gäste, die keinen Platz im Restaurant finden, werden ins Bistro gebeten. Das L&I ist weniger intim, deshalb besonders nett zum Mittagstisch.

L&I, Ledererstraße 17, München – Zentrum
Tel: 0049 (0)89 23237789, Internet: www.landersdorferundinnerhofer.de
Öffnungszeiten: Montag – Samstag 10.00 – 1.00 Uhr, Sonntag geschlossen

# Kartoffelbrot

Für 6 Personen

Das Kartoffelbrot fehlt nie im Landersdorfer & Innerhofer.

Die Hefe in dem lauwarmen Wasser auflösen. Die Kartoffelflocken und das Mehl dazugeben und alles zu einem gleichmäßigen Teig verarbeiten. Zum Schluss das Bier mit dem Salz hinzufügen. Den Teig eine Stunde gehen lassen. Anschließend in die gewünschte Form bringen und wieder eine halbe Stunde gehen lassen. Bei 180 °C so lange backen, bis es goldbraun ist.
Das Landersdorfer & Innerhofer backt das dem italienischen Focaccia ähnliches Brot auf einem Blech. Die Backzeit beträgt ca. 30 Minuten.

2,5 l lauwarmes Wasser
1 Päckchen frische Hefe
– notfalls Trockenhefe
1 kg Mehl, Typ 450
900 g getrocknete Kartoffelflocken vom Mühlenladen*
– notfalls von Pfanni
75 ml Bier, vorzugsweise Augustiner
1 EL Salz

*Der Mühlenladen
Neuturmstraße 3
München – Zentrum
Tel: 0049 (0)89 294222
Öffnungszeiten: Montag – Freitag 10.00 – 18.00 Uhr,
Samstag 10.00 – 14.00 Uhr

TANTRIS HU
LUKULLISCH
SCHLUMME

# TANTRIS

Das Tantris ist anders, ein cooler Gourmettempel voller Energie. Jeden Tag bewegen sich Köche, Service und Gäste zum Tanz der lukullischen Sinne in einem der schönsten Räume, die je zum Essen gebaut wurden. Für Hans Haas, leidenschaftlicher Küchenchef, ist der Wundertempel Tantris sein Wirtshaus, in dem alle zusammenkommen, die gerne gut essen. Und wie bekocht Hans Haas mit seinem Team 120 Gäste am Abend? Mit zwölf Akrobaten, die konzentriert in einer von Eckhart Witzigmann perfekt ausgeklügelten Küche ans Werk gehen. Hans Haas selber lässt jeden Managerjob in der Industrie dagegen wie einen gemächlichen Beamtenjob verblassen. Um 21 Uhr hört sich das so an: Es fehlt eine gebratene Leber. Kannst du noch zwei Seezungen nachlegen. Vier Brioches bitte. Reh kann gehen. Service bitte! Daniel, kann ich den nächsten Butt haben. Kein Gericht „geht", ohne dass der Chef es mit einer Sauce segnet. Gleichzeitig treffen neue Bestellungen bei ihm ein und werden sofort per Mikro verteilt. Vierzehn Stunden am Tag. „Es muss Spaß machen, sonst kann man das nicht schaffen", sagt er lachend. Zu großem Essen gehört selbstverständlich großer Wein. Sommelière Paula Bosch versucht dabei Ihre Vorlieben zu erahnen und mit der Küche harmonisch in Einklang zu bringen. Im Tantris zu essen gehört zum Höhepunkt im Leben jedes Menschen, der eine Leidenschaft für gutes Essen und besondere Architektur verspürt.

Restaurant Tantris Adresse: Johann-Fichte-Straße 7, München – Schwabing
Tel: 0049 (0)89 361959-0 Internet: www.tantris.de
Öffnungszeiten: Dienstag – Samstag 12.00 – 15.00 Uhr + 18.30 – 1.00 Uhr,
Sonntag + Montag geschlossen

GER LIEBESHUNGER
RBARISCH DIONYSISCH TANTRIS BÄRENHUN
UNK TANTRIS SINGT TANTRIS AFFENDURST W
FRÖHLICH FREU

TANTRIS

## Ein Gespräch mit Hans Haas

Chef de Cuisine

Begeistert sich heute auch die jüngere Generation für die hohe Gastronomie?
Wir haben erstaunlich viele junge Gäste. Mir fällt auch auf, dass sich immer mehr junge Leute für das professionellere Kochen zuhause begeistern.

Wann kamen Sie selbst auf die Idee Koch zu werden?
Das war reiner Zufall. Mein Bruder hat mich mit elf Jahren in den Ferien in die Küche eines Wirtshauses mitgenommen. So fing ich an zu kochen.

Woher kommen Ihrer Meinung nach die besten Köche?
Eindeutig aus Österreich.

Wie würden Sie die Stimmung in Ihrer Küche bezeichnen?
Konzentriert, aber es wird auch gelacht.

Was machen Sie an Ihrem freien Tag?
Da bin ich mit meiner Familie zusammen, fahre Mountainbike, treibe Sport oder arbeite in meiner Bildhauerwerkstatt an meinen Plastiken.

Wo gehen Sie zünftig bayerisch essen?
Beim Sedlmayr in der Westenriederstraße. Am liebsten esse ich da die Kalbsgerichte oder ein Beuschel.

## ☞ Anmerkung des Autors

Das Tantris hat sicher seinen Preis, doch ich kann Ihnen nur ans Herz legen bei einem Münchenbesuch in dieses einmalige Erlebnis zu investieren und dafür lieber die Reisekasse am nächsten Tag mit einer günstigeren Mahlzeit auszugleichen. Hans Haas betonte ausdrücklich, dass weniger betuchte Gäste auch mit einer Suppe und einem Hauptgang und abschließendem Kaffee sich einen unvergesslichen Abend machen können. Mit dem obligatorischen Amuse Gueule und der netten Patisserie-Auswahl zum Kaffee sind es immerhin schon vier Gänge für 60 Euro. Eine andere Möglichkeit bietet das fünfgängige Menu am Samstagmittag mit Weinbegleitung für 96 Euro. Hier sollten Sie unbedingt reservieren, denn der Ansturm ist groß. Am Dienstag, Mittwoch und Donnerstag wird ein Abendmenu für fünf Gänge inklusive Weinbegleitung für 150 Euro pro Person angeboten. Das achtgängige Abendmenu kostet 150 Euro pro Person ohne Weinbegleitung.

## ☞ Geschichte

1970 suchte Sigrid Eichbauer Eckhart Witzigmann in Washington auf. Er kochte damals für die Kennedys und spürte schon beim ersten Besuch, dass die beiden in München etwas Großes vorhatten. Fritz Eichbauer und seine Frau Sigrid waren es leid für eine anspruchsvolle Küche immer nach Frankreich fahren zu müssen, auch wollte er als Bauunternehmer nicht tagein tagaus Häuser und Wohnungen bauen. Das Tantris sollte ein Meilenstein der deutschen Gastronomie werden. „Von der Investition“, sagte er einmal, „hätte ich ein Schloss bauen können.“ Ein Tempel des Genusses ist es freilich auch geworden. Für das zum Niederknien wundervolle Design, das heute immer noch genauso fasziniert wie in den 70er Jahren können wir dem Schweizer Architekten Justus Dahinden danken. Nachdem Witzigmann hier sieben Jahre kochte, übernahm Heinz Winkler für dreizehn Jahre die Regie in der Küche.

## ☞ Die Kochschule

Wer jetzt Feuer gefangen hat und noch einmal tiefer in die kochende Seele von Hans Haas schauen möchte, kann einen Tag mit ihm in seiner Kochschule buchen. Die Freude daran sein Wissen weiterzugeben, hat ihn zu dieser Kochschule inspiriert. Der Kurs dauert sieben Stunden und anschließend genießt man zusammen mit Hans Haas das Geschaffene mit dem passenden Wein. Die Kurse finden in der Amalienstraße 89 statt und sind meistens Donnerstag und Freitag von 9.00 – 16.00 Uhr und kosten inklusive dem fünfgängigen Menu 380 Euro. Als Andenken kann man die Rezepte dann in einer Mappe mitnehmen. Jeder Kurs ist auf maximal fünf Teilnehmer beschränkt.

Buchungen: www.hans-haas.de oder telefonisch 0049 (0)89 28674470

# Schmock

## SCHMOCK

Ausgehen mit gutem Essen zu verbinden ist gar nicht so leicht, doch im Schmock geht beides. An den Tischen sitzen interessante Leute, an der Bar spielt das Team gute Musik und obwohl man sich nicht in dem angesagtesten Ausgehviertel befindet, fühlt sich München im Schmock richtig sympathisch an. Auf der Karte stolpern Sie über hebräische Namen wie Kruw Adom, Couscous Salat mit roten Beeten und Jerakot, dem Wort für Gemüse. Florian Gleibs wollte bewusst mit seinen israelischen Wurzeln spielen, ohne dabei alle Regeln des koscheren Essens dogmatisch zu beachten. Mit Humor und Leichtigkeit werden arabische Gewürze wie Kumin oder Granatapfel verwendet und Schweinefleisch weggelassen, denn einige der koscheren Regeln wirken sich durchaus positiv auf unser Wohlbefinden aus. Doch unter keinen Umständen dürfen auf der Karte die Königsberger Klopse fehlen. Ein Dauerbrenner, den Florian mit dem Küchenchef auf Anraten seiner Mutter zur Perfektion entwickelt hat. Eine weitere Besonderheit ist die koschere Currywurst, die ohne Schweinefleisch zubereitet wird. Stammgäste lieben sie besonders zur Mittagszeit in der Tagesbar nebenan. Ein schöner Raum zur Straße hin, mit einigen Tischen zum Draußensitzen. In Zukunft wird es in der Tagesbar die gleiche Küche wie abends geben, sonst lohnt sich das Mittagsgeschäft einfach nicht mehr, doch die Currywurst und die Klopse werden nicht fehlen.

Schmock Adresse: Augustenstraße 52, München – Maxvorstadt
Tel: 0049 (0)89 52350535 Internet: www.schmock-muenchen.de
Öffnungszeiten: Schmock 17.00 – 1.00 Uhr, Tagesbar 10.00 – 18.00 Uhr

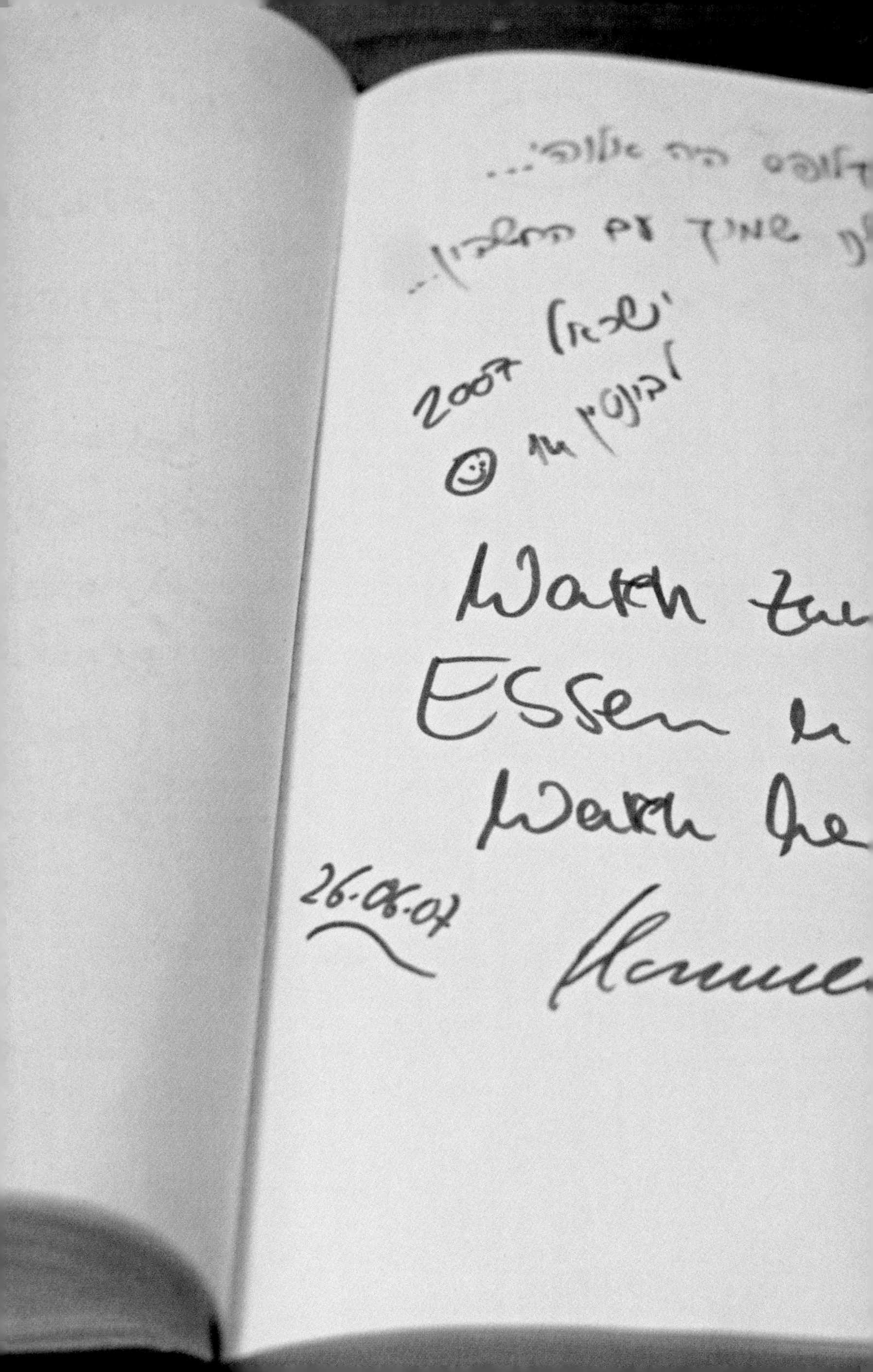
2007
Essen
26.06.07

היה פה!

אלף הכני

1. Mal hier.

Service

…orragend !

…eme Grüße

JF

## Ein Gespräch mit Florian Gleibs

Einem der Besitzer des Schmock

Was heißt eigentlich Schmock?

Eigentlich Schwanz, aber man nennt so auch einen Trottel.

Ein israelisches Restaurant, aber nicht 100% koscheres Essen. Wie kommt das in der jüdischen Gemeinde an?

Nicht besonders gut. Einige haben das Restaurant schon empört verlassen. Sie finden unser Konzept geschmacklos. Doch damit müssen wir rechnen. Wir überlegen sogar, aus der Bar eine Klagemauer zu machen, weil an der Bar doch immer alle klagen und jammern. Das polarisiert natürlich auch.

Was ist hier 100% koscher?

Koscher heißt rein. Die biologischen Weine aus Israel sind rein koscher. Andere Regeln sind sehr kompliziert, dass man beispielsweise keine Milchprodukte mit Fleisch mischen darf, womit die Klopse schon mal durch das Raster fallen.

Sind ihre Köche israelisch?

Nein, aber sie experimentieren gerne mit arabischen Gewürzen, die viel in der israelischen Küche auftauchen.

## ☞ Havanna Club

Zum Team des Schmock gehört auch der Havanna Club, eine der schönsten Bars in München. Richtig viel Patina überall wo man hinschaut und beachtliche 80 Rumsorten, die das kubanische Lebensgefühl noch mal richtig anheizen. Versuchen Sie einen der knuffigen Ledersessel zu erwischen, mit einem guten Rum-Cocktail und kubanischer Musik können hier einige Stunden wie im Flug vergehen. Der Havanna Club liegt ein paar Meter von der Maximilianstraße entfernt.

Havanna Club, Herrnstraße 30, München – Zentrum
Tel: (089) 291884, Internet: www.havannaclub-muenchen.de
Öffnungszeiten: Montag – Donnerstag 18.00 – 1.00 Uhr,
Freitag + Samstag 18.00 – 3.00 Uhr, Sonntag 19.00 – 1.00 Uhr

SPATEN

Sankt Emmerams
SPEIS UND TRANKGAUMERIE

# ST. EMMERAMSMÜHLE

Die Sankt Emmeramsmühle ist zweifelsohne der idyllischste Biergarten Münchens, obwohl er ja genau genommen keiner mehr ist. Das resche Spanferkel mit Kartoffelknödel in Dunkelbiersauce wird von gut gelaunten Jungs in Lederhosen serviert, dazu ein frisches Franziskaner Weißbier, und alle sitzen entspannt am Tisch. Kein Anstellen an der Bierluke und kein hektisches Kommen und Gehen, ein Biergarten mit Service halt.
1999 haben Nina und Karl-Heinz Zacher die Pacht übernommen und wollten das Gasthaus, das in den Wintermonaten nie richtig angenommen wurde, mit einem neuen Konzept beleben. Der Biergarten à la carte war geboren und durch die gehobene bayerische Küche wurde die Sankt Emmeramsmühle bei der gut betuchten Nachbarschaft schnell interessanter. Die ersten illustren Gäste wie Boris Becker, Hape Kerkeling, Dustin Hoffman und Bernd Eichinger trudelten ein und schon hatte er seinen Ruf als Promi-Biergarten weg. Am Wochenende könnten Sie sogar Ihren Leihwagen Klasse A oder halt den Porsche mal richtig vorführen und vom Fahrdienst parken lassen.
Unverhofft krönte noch Paula Bosch vom Tantris den bayerischen Wurstsalat von original Regensburgern mit Zwiebelringen, Gewürzgurke und frischem Bauernbrot bei einer Blindverkostung als den besten Münchens, ja wo soll es da noch zum Erfolg fehlen.

Sankt Emmeramsmühle Adresse: Sankt Emmeram 41, Oberföhring
Tel: 0049 (0)89 953971 Internet: www.emmeramsmühle.de Öffnungszeiten:
Montag – Samstag 11.00 – 1.00 Uhr Sonntag 10.00 – 1.00 Uhr

## ☞ Geschichte

Die Sankt Emmeramsmühle befindet sich an der alten Römerstraße, die vor zweitausend Jahren Augsburg mit dem Salzkammergut verband. Bis 1158 befand sich unweit die von Heinrich dem Löwen abgefackelte Brücke, der einzige Isarübergang. Daraufhin baute er die Ludwigsbrücke, sanierte sich durch die Zölle, die jetzt in seine Tasche flossen und gründete mit diesem Geld die Stadt München.

## Entenbraten St. Emmeram von Dirk Schirmer

Für 4 Personen

Herd auf 180 °C vorheizen. Den Ingwer fein schneiden, Zwiebel und Apfel schälen. Die Orange filettieren und mit dem Apfel und der Zwiebel in 1,5 cm große Stücke schneiden. Mit Rosmarin vermischen. Die Ente innen und außen mit Salz, Pfeffer und Ingwer einreiben und mit der Obst-Zwiebelmischung füllen. Auf einen Rost mit Fettwanne setzen und die Ente eine Stunde braten. Dann die Ente mit etwas Honig und Ingwer einreiben und noch einmal 20 min. bei 170 °C braten.

1 frische küchenfertige Ente, ca. 2,4 kg
1 Apfel
1 Zwiebel
1 Orange
Rosmarin
weißer gestoßener Pfeffer
Salz
Ingwer
Honig

Sauce: Entenfett erhitzen und die zerkleinerten Schalotten, den Sellerie und eine Karotte dazugeben. 70 ml Orangensaft bis zum Karamelisieren einkochen, dann zügig mit der Hälfte des Rotweins ablöschen, mit dem restlichen Orangensaft erneut reduzieren und mit dem restlichen Rotwein wieder ablöschen. Den Rosmarin hinzufügen, mit Hühnerbrühe auffüllen und wieder einkochen. Am Ende mit Honig und Marsala abschmecken.
Dazu passen Kartoffelknödel, Semmelknödel und Apfelblaukraut. Unsere Weinempfehlung ist ein Spätburgunder.

Für die Sauce:
300ml Rotwein
200ml Orangensaft
Entenfett
2 Schalotten, 1 Karotte
1 Stück Sellerie
Rosmarin
Honig
50ml Marsala
Salz, Pfeffer

# AUGUSTINER GROSSGASTSTÄTTEN

Ganz München liebt das Augustiner Bier. Obwohl es gar nicht so klar ist, wo sie es am liebsten trinken. Zehn Augustiner Häuser, das kann ein richtiges Durcheinander auslösen: Augustiner Garten, Augustiner am Dom oder die Augustiner Großgaststätten, die wegen der historischen Räume und der zentralen Lage bestechen. Beim Eintreten bedarf es sicher einiger Mühe, eine Entscheidung für den passenden Sitzplatz zu fällen. Es gibt unzählige Tische, die auf mehr als sechs Räume und Säale verteilt sind. Bei sommerlichem Wetter bietet der historische Innenhof noch eine zusätzliche Variante. Fangen Sie am besten mit einer ausführlichen Besichtigung an und wählen Sie ein paar urige Münchner Grantler als Nachbarn für die richtige Stimmung aus. Natürlich sind die Plätze mit Blick auf den berühmten Muschelsaal mit die schönsten. Die Klosterbrauerei wurde 1294 von dem Architekten Emanuel von Seidl gebaut. Bestellen Sie bei der recht wortkargen Bedienung erst einmal ein Weißbier. Münchner, sagt man, verlieren besonders in der Nähe von Bier nicht gerne viele Worte, das gilt wahrscheinlich auch für den uncharmanten Service. Das Weißbier schmeckt dafür frisch und süffig, dass auch „Nicht-Biertrinker" mal eine Ausnahme machen sollten. Dazu eine knusprige Brez'n, die im Hause leider nur noch aufgebacken werden, was dem Geschmack aber nicht schadet, im Gegenteil. Jetzt wird noch einmal die Wahl zur Qual. Denn die Karte bietet wirklich alles, was zünftiges bayerisches Essen so ausmacht.

Augustiner Großgaststätten Adresse: Neuhauser Straße 27, M. – Zentrum
Tel: 0049 (0)89 23183257 Internet: www.augustiner-restaurant.com
Öffnungszeiten: Täglich 9.00 – 24.00 Uhr

Karte rein, Packung raus!
YOU

## ☞ Wir machen alles selber

Die hauseigene Metzgerei der Augustiner Großgaststätte stellt jeden Tag ihre Würste und den Leberkäs selber her. Die Weißwürste werden aber nicht aus reinem Kalbfleisch, sondern aus einer Mischung mit Schweinefleisch angefertigt. Den Unterschied erkennt man daran, dass man nach einem Paar schnell satt ist. Von reinen Kalbsweißwürsten kann man dagegen auch mal mehr essen.

## ☞ Das Augustiner Bier

Das Augustiner Bier stammt aus der ältesten Brauerei in München, die dazu noch eine der wenigen unabhängigen ist. Es ist ein Fassbier und wird nach wie vor im traditionellen Holzfass gelagert. Das Malz wird noch in der eigenen Trennmälzerei hergestellt. Das Brauwasser, welches ausgezeichnete Trinkqualität aufweist, wird aus dem eigenen Brunnen aus 230 m Tiefe hochgepumpt. Das Bier wird unter anderem in den Bräustuben der hauseigenen Brauerei in der Landsberger Straße 19 ausgeschenkt. Es gibt ein Augustiner Lagerbier, ein Vollbier mit 5,2% Alkohol, und ein trübes Weißbier mit 5,6 % Alkohol.

## ☞ Der Augustiner Keller

Der Augustiner Keller hat einen der schönsten und ältesten Biergärten Münchens. Die Gäste sitzen unter uralten Kastanienbäumen und an den Buden gibt es die klassischen Zutaten für eine bayerische Brotzeit, die am besten zum Bier passen: Obatzda, Radi, Schnittlauchbrote, Brez'n und Würstl. Das Bierstüberl ist besonders bei Münchner Stammgästen recht beliebt. In der Bierhalle fühlt man sich wie in einem Münchner Pub, alle stehen nach der Arbeit auf ein Bier zusammen und lassen den Tag ausklingen.

Der Augustiner Garten besitzt noch einen alten Eiskeller, wo man heute auch essen kann. Früher holten sie aus der Tiefe das Eis für die Kühlung im Sommer hoch. So sind übrigens die Biergärten entstanden, denn nur die Brauereien hatten gekühltes Bier im Sommer, dafür durften sie nichts zu essen verkaufen. Also musste sich jeder seine Brotzeit selber mitbringen.

Arnulfstraße 52, München – Zentrum
Tel: 0049 (0)89 594393
Internet: www.augustinerkeller.de

Habeco

# WALLNER – GASTSTÄTTE GROSSMARKTHALLE

In München sollten Sie mindestens einmal Weißwurscht mit einer Brez'n und süßem Händlmeier-Senf essen und dazu ein Weißbier trinken. Für einige mag das am Vormittag verwegen klingen, doch nur Mut – es schmeckt köstlich und gehört einfach zu Münchens Wirtshauskultur. Sicher kennen Sie die „vor zwölf Uhr"-Regel, die heute eigentlich hinfällig geworden ist. In der Zeit, als die Würste noch roh angeboten wurden, hatte man Angst vor Keimen und empfahl so die Würste noch vor dem Mittag zu essen. Heute werden die Würste schon vorgekocht und man könnte ..., aber nein, das geht natürlich nicht, sie schmecken nach zwölf auch einfach anders. Für die besten Kalbsweißwürste müssen Sie zum Großmarkt fahren und bei der Gaststätte Wallner einkehren. Die Anfahrt sowie das Lokal werden sicher zu Ihren intensivsten Münchner Erinnerungen gehören, denn so ungeschminkt pur erlebt man die Stadt selten. Die Weißwurst auf dem Viktualienmarkt wirkt dagegen wie ein Puppentheater für Touristen, was ja auch nett sein kann, aber eben nicht vergleichbar mit einer Mahlzeit zwischen Stammtischgrantlern oder bei schönem Wetter auf dem historischen Platz vor dem Industriegelände. Die Weißwürste bei Wallner werden nach einem alten Familienrezept in der zweiten Generation nur aus reinem Kalbsfleisch hergestellt. Jetzt einen Guaten! Und ein Bier vor zwölf, egal! Sie befinden sich in bester Gesellschaft.

Wallner – Gaststätte Großmarkthalle Adresse: Kochelseestraße 13
Tel: 0049 (0)89 764531 Öffnungszeiten: Montag – Freitag 7.00 – 17.00 Uhr, Samstag 7.00 – 13.00 Uhr

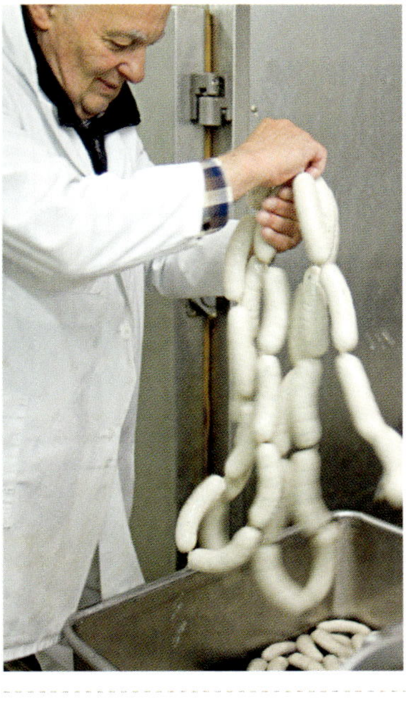

## ☞ Wie stellt man Weißwürste her?

Seit 40 Jahren werden die Weißwürste bei Wallner aus Kalbsbrät, Speck, Petersilie, Zwiebeln und Gewürzen jeden Tag um 5.00 Uhr morgens hergestellt. Nach dem Erhitzen werden sie nochmals mit Eiswasser abgeschreckt. Gute Weißwürste brauchen eigentlich gar keinen Senf, meint Ludwig Wallner. Sie können die Weißwürste bei Wallner auch roh bestellen. Einige alte Stammgäste bevorzugen sie roh nach alter Tradition. Zwei Drittel der Würste verbraucht die Gaststätte selber. Der Rest sind Bestellungen für andere Biergärten und Wirtschaften wie dem Sedlmayr in der Westenrieder Straße 14. Die Wurstherstellung macht Ludwig Wallner jeden morgen selber. Unterstützt von einem älteren Herrn, für den das Würstemachen einfach eine Gaudi ist.

## ☞ Geschichte der Weißwurst

1857 wurde im Lokal „Zum ewigen Licht“ am Münchner Marienplatz aus einer Notlage heraus die Weißwurst erfunden. Der Metzgergeselle Sepp Moser warf die „falsch hergestellten Bratwürste“ schnell ins heiße Wasser und erfand so eine Münchner Spezialität, die heute weit über die Grenzen Bayerns hinaus bekannt ist.

BAR CENTRALE

# BAR CENTRALE

Die gute Stimmung ist das Markenzeichen der Bar Centrale. Egal ob sie morgens auf einen Caffè mit Brioche, mittags auf ein *tramezzini* oder abends zum *aperitivo* vorbeischauen, sie platzen immer mitten in eine rauschende Party hinein. Wie die Jungs und Mädels das machen? Man weiß es nicht. Erster Anlaufpunkt bleibt für viele die Bar. Ja, es gibt Münchner, die sich nur im vorderen Teil der Bar Centrale aufhalten und den hinteren Teil komplett ignorieren. Das Publikum ist vorne einfach gemischter, jeder in der Umgebung schaut mal schnell rein, trinkt seinen Lieblingskaffee und holt sich von den Kaffeejungs eine große Portion italienisches Lebensgefühl ab. Im hinteren Teil geht es szeniger zu. Alles ist designter, ein schöner Stil, der jedoch ein homogeneres Publikum anzieht. Und was trinkt man hier? Der favorisierte *aperitivo* der Stammkunden ist der Aperol Sprizz, gemixt mit Weißwein, Soda und Limette. Wer zwischen 17.00 und 20.00 Uhr eintrudelt, kann ihn mit großzügig bereitgestellten *antipasti* unterfüttern.
Die Weinkarte wechselt alle zwei Monate, um sich im rhythmischen Wechsel einer italienischen Weinregion intensiver widmen zu können.
Im Sommer, wenn alle Türen zur Straße offen sind, ist es hier besonders schön. Die Menschen stehen in einer Traube vor der Bar. Rom und London mischen sich mit allen Vorzügen in München auf angenehme Weise. Es lebe die Bar Centrale!

Bar Centrale Adresse: Ledererstraße 23, München – Zentrum
Tel: 0049 (0)89 223762 Öffnungszeiten: Montag – Samstag 8.00 – 1.00 Uhr, Sonntag 11.00 – 1.00 Uhr

BUON APPETITO !!!
BAR CENTRALE

BAR CENTRALE

## ☞ Geschichte

Gefühlt gibt es die Bar Centrale schon ewig, dabei ist sie erst 1999 in die ehemalige Konditorei eingezogen. Nach dem Restaurant Buffet Kull war die Bar Centrale der zweite Streich von Rudi Kull und Albert Weinzierl. Es folgten das Riva, das Hotel Cortiina (Seite 8) gegenüber und das Brenner. Ein Ende ist noch lange nicht in Sicht.

### Riva Bar Pizzeria

Das Riva hat den berechtigten Ruf eine der besten Pizzen der Stadt zu machen. Sorten wie Pizza mit *vitello tonnato* und Sushi stellen zwar erst einmal allen Respekt vor der italienischen Pizza-Kultur in Frage. Doch warum nicht, mit dem dünnen Teig schmecken die ungewöhnlichen Kombinationen wirklich gut. Wem das Experiment zu aufregend ist, findet auch die altbewährten Klassiker. Modernes szeniges Ambiente. Neuerdings gibt es auch eine Filiale in Schwabing unweit der Münchner Freiheit.

Riva Bar Pizzeria, Tal 44, München – Zentrum
Tel: 0049 (0)220240; Öffnungszeiten: Täglich 8.00 – 1.00 Uhr

### Brenner Grill Pasta Bar

Das Brenner hat eingeschlagen wir eine Bombe. Genau das hat in München noch gefehlt. Frische Fische und gute Filetsteaks auf dem Grill und das Ganze noch gestaltet von Albert Weinzierl. Der Grill steht im Zentrum der wunderschönen hohen Räume, aufgeschichtetes Brennholz sorgt für das Urige. Das Restaurant ist der Größe wegen nicht sehr persönlich, dennoch bietet es ein perfektes Konzept und ist unbestritten mit der riesigen Terrasse ein paar Meter von der Maximilianstraße entfernt ein Dauer-Brenner.

Brenner Grill Pasta Bar, Maximilianstraße 15, München – Zentrum
Tel: 0049 (0)89 4522880; Internet: www.brennergrill.de
Öffnungszeiten: Montag – Samstag 8.30 – 2.00 Uhr Sonntag 9.30 – 1.00 Uhr

tabacco

# TABACCO BAR

„Eine Bar ist eine Insel der Gesellschaft, ein Caféhaus für die Nacht, ein Platz zum Sich-fallen-lassen, wo man sich aufgehoben fühlt“, philosophiert Stefan Saller, Barkeeper und Besitzer der Bar. „Caféhaus der Nacht“, besser könnte man das Tabacco nicht beschreiben. Denn die Übergänge von der klassischen Bar zum ehemaligen Wirtshaus und wieder zurück zur Bar sind wirklich fließend im Rhythmus der Nacht. Wenn das Team noch die letzten Handgriffe für den Abend vorbereitet, schauen schon die ersten Stammkunden herein, die Geschäftsleute aus den umliegenden Büros, die bei einem Aperitiv den Tag ein wenig schneller Abend werden lassen möchten. Zwischen acht und neun Uhr abends beginnt die klassische Essenszeit. An einem Holztisch sitzen fünf Freundinnen quasselnd bei Pasta arrabiata, direkt am Nachbartisch konzentriert sich der einsame Geschäftsmann auf seine Zeitung und genießt dabei sein Lieblingsgericht – Entrecôte mit Bratkartoffeln. Ein Pärchen teilt sich glücklich eine Crème Brulée und einen Schokoladenkuchen, der sich auch bestens mit einem American Negroni verträgt – einem digestivo, dem Drink nach dem Essen, gemixt aus Campari, Bourbon und rotem Vermouth. Die klassischen Bargäste gesellen sich jetzt nach und nach dazu und das Wirtshaus verwandelt sich wieder in eine traditionelle Bar mit einem umfangreichen Angebot berühmter Cocktails der alten Schule.

Tabacco Bar Adresse: Hartmannstraße 8, München – Zentrum
Tel: 0049 (0)89 227216 Internet: www.bartabacco.de
Öffnungszeiten: Montag – Donnerstag 17.00 – 1.00 Uhr,
Freitag + Samstag 17.00 – 3.00 Uhr

## Ein Gespräch mit Stefan Saller

Barkeeper und Besitzer

### Was macht einen guten Cocktail aus?

Wir sind Verfechter der Cocktails aus drei Komponenten. Was 150 Jahre lang gut war, kann heute nicht verkehrt sein. Cocktails mit zu vielen Zutaten sind meistens Modeerscheinungen.

### Wie heißen Ihre persönlichen Lieblingscocktails?

1. American Negroni – ein Digestif nach dem Essen – Campari, Bourbon und roter Vermouth
2. Indian Oil – ein Aperitiv – Gin, Kina Lillet und Orangenbitter
3. Rivera – Aperitiv – roter Vermouth, Campari und Calvados

### Wie sehen Sie Ihre Aufgaben als Barkeeper?

Ein Barkeeper ist wie ein Schäfer, der auf seine Schafe achten sollte und sie verantwortungsvoll füttert. Dafür bekommt der Schäfer dann auch die Wolle.

### Haben sich die Kunden verändert?

Ja, die Kunden sind braver geworden, besonders die Kreativen waren früher wilder.

# DALLMAYR

Der Dallmayr bleibt immer der Dallmayr. Das blank geputzte Messingschild, poliert von einer liebenswerten älteren Dame, die gerne fachkundig berät und ihre Kunden beim Namen kennt. Fast ist man enttäuscht, dass sie nie poliert, wenn man selbst gerade vorbeikommt, so vertraut ist einem das Bild. Für eine Gourmet-Safari beim Delikatessenhaus Dallmayr sollten Sie ausreichend Zeit einplanen. Einfach um all die Herrlichkeiten mal genauer unter die Lupe zu nehmen. Hier mal zu schauen und da mal ein paar Kleinigkeiten zum Probieren einzupacken. Ihren Streifzug lassen Sie am besten mit einem frisch gebrühten Kaffee und einem Küchlein auf den feurig roten Bänken im Café ausklingen. All die Schätze, die Sie bei Dallmayr finden, haben unzählige Verkostungen durchlaufen, bis sie ausgewählt und mit dem Label versehen wurden. Weine, Lachs, Schinken, Patisserie, Pralinen, Käse und Honigsorten aus aller Welt. Nicht zu vergessen die zahlreichen Bayerischen Delikatessen wie Weißwürste, Obatzda, Wurstsalat und Knödel. Hinter dieser Qualität muss viel Leidenschaft und endlose Liebe für die lange Tradition stecken. Denn trotz des stetigen Wachstums der letzten Jahre ist Dallmayr ein Familienbetrieb geblieben, der auch heute noch von seinen Inhabern Wolfgang Wille und Georg Randlkofer persönlich geführt wird. Söhne, Töchter und sogar eine Schwiegertochter sind mit von der Partie.

Dallmayr Delikatesshaus und Café Adresse: Dienerstr. 14-15, M. – Zentrum
Tel: 0049 (0)89 2135-0 Internet: www.dallmayr.de
Öffnungszeiten: Montag – Samstag 9.30 – 19.00 Uhr

Delikatessen

## ☞ So war es damals – eine kleine Geschichte

1870: Das Geschäft erhält seinen heutigen Namen von dem Inhaber und Kaufmann Alois Dallmayr.

1895: Alois Dallmayr verkauft Haus und Laden an Anton Randlkofer. Nach seinem Tod, bereits zwei Jahre darauf, übernahm die Witwe Therese Randlkofer die Geschäftsleitung. Eine weibliche Geschäftsführung war zur damaligen Zeit eine Sensation.

Um 1900: Zur Wirkungszeit von Therese Randlkofer zählte Dallmayr schnell zu den ersten Delikatessenhäusern in Deutschland. Dallmayr erhielt den Titel eines „königlich bayerischen Hoflieferanten" und belieferte den deutschen Kaiserhof sowie viele weitere Fürsten- und Königshäuser.

1933: Konrad Werner Wille, ein junger Bremer Kaffeefachmann, baute mit 19 Jahren bei Dallmayr eine Abteilung für Kaffee auf. Dazu kaufte er den Rohkaffee aus Übersee ein, stellte sich selbst an die Röstmaschine und managte den Verkauf. Dies war die Geburtstunde für die Kaffeemarke Dallmayr.

40er Jahre: Der Krieg zerstörte das Stammhaus in der Dienerstraße fast vollständig, doch Paul Randlkofer und Konrad Werner Wille bauten mit neuer Hoffnung alles wieder auf.

50er Jahre: Das Haus Dallmayr zeigt sich wieder in neuem Glanz. Der Kaffeezweig entwickelt sich besonders erfolgreich. Delikatessen sowie Kaffee spiegeln unzertrennbar das Haus Dallmayr.

1977: Wolfgang Wille, der Sohn von Konrad Werner Wille, und Georg Randlkofer, der Urenkel von Anton und Therese Randlkofer, übernehmen die gemeinsame Leitung des Unternehmens.

## ☞ Smart Travelling Lieblingsprodukte

1. Beinschinken Prager Art
2. Trüffelschinken
3. Kaffee Crema d'Oro
4. Bayerischer Waldhonig
5. Brie mit Trüffel
6. Hollertrüffel
7. Knödel
8. Weißwürste – vakuumverpackt oder notfalls in der Dose, die dafür wunderschön ist.
9. Brez'n – es sind mit die besten in München.
10. Obatzda

SMART
TRAVELLING

## GUT ZU WISSEN

München ist groß, darum ist dieser Infoteil so klein. Hier erfahren Sie nicht alles und jedes, sondern genau das, was Sie für ein perfektes Wochenende brauchen. Wenige, aber genau die richtigen Informationen: Wissenswertes über die Münchner Lebensart, eine kleine subjektive Auswahl an Sehenswürdigkeiten, Spaziergängen und Tipps für Unternehmungen am Sonntag. Dazu einen Stadtplan mit all unseren Lieblingsadressen, damit Sie nicht lange suchen müssen, sondern gleich anfangen können München zu genießen.

## KUNST + MUSEEN

### Deutsches Museum

Es gibt keine Schulklasse, die noch nicht hier war, denn nirgendwo sonst werden alle Berufe und Alltagsdinge so anschaulich dargestellt und erklärt. Man bräuchte Tage, um alle 20 000 Exponate und die vielen Abteilungen zu sehen. Doch ein geschultes Team und zahlreiche Broschüren helfen dem Besucher, einen Schwerpunkt zu setzen. Nicht nur mit Kindern ist ein Besuch im Deutschen Museum ein Muss, auch Erwachsene finden hier wissenschaftliche Abläufe endlich anschaulich aufbereitet.

Museumsinsel 1
München – Zentrum
Öffnungszeiten: Täglich 9.00 – 17.00 Uhr, Do – 20.00 Uhr
Tel: 0049 (0)89 21791
www.deutsches-museum.de

Haus der Kunst

Neben wechselnden Kunstausstellungen werden auch Werke zum Thema Design und Architektur ausgestellt. Für einen kritischen Umgang mit dem Gebäude und seiner Geschichte wird die Architektur von 1937 schrittweise wieder freigelegt. Eine historische Dauerausstellung über das Haus kann ebenfalls besucht werden.

Prinzregentenstraße 1
München – Zentrum
Öffnungszeiten: Mo – So 10.00 – 20.00 Uhr, Do 10.00 – 22.00 Uhr
Tel: 0049 (0)89 21127-113
www.hausderkunst.de

Pinakothek der Moderne

Vier bedeutende Museen aus den Bereichen Kunst, Graphik, Architektur und Design unter einem Dach – damit ist die Pinakothek eines der weltweit größten Häuser für die Kunst des 20. und 21. Jahrhunderts. Zusätzlich zur Sammlung gibt es wechselnde Ausstellungen und kulturelle Veranstaltungen, die locker im internationalen Weltrang mithalten können.

Barer Straße 40
München – Schwabing
Öffnungszeiten: Mo geschlossen, Di, Mi, Fr, Sa, So 10.00 – 18.00 Uhr, Do 10.00 – 20.00 Uhr
Tel: 0049 (0)89 23805-360
www.pinakothek.de

Kunstverein München

1823 in Konkurrenz zur Akademie der Künste gegründet, steht der Kunstverein heute für internationale Großstadtkunst in München. Sie finden hier wechselnde Einzel- und Gruppenausstellungen. Eingang von den Fünf Höfen aus.

Galeriestraße 4
München – Zentrum
Öffnungszeiten: Mo geschlossen, Di – Fr 12.00 – 19.00 Uhr, Sa + So 11.00 – 18.00 Uhr

Tel: 0049 (0)89 221152
www.kunstverein-muenchen.de

Kunst-Tour

Wer das üppige Museumsangebot in München nicht ohne fachkundige Hilfe angehen möchte, kann sich eine individuelle Führung buchen.

Kunst-Tour
Tel: 0049 (0)89 36101083
www.kunst-tour.de

## ARCHITEKTUR

Residenz

Die innen prunkvolle Residenz war Wohn- und Regierungssitz von Königen, Kurfürsten und Herzögen. Es gibt wunderschön bemalte Säle zu bestaunen sowie eine Juwelensammlung und ein kleines Theater, das gerade renoviert wurde. Außen wirkt die Residenz teilweise ein wenig schmucklos, dafür streckt sich der in verschiedenen Zeiten gebaute Komplex über zehn Höfe hinweg.

Residenzstraße 1
Öffnungszeiten: Täglich von 10.00 – 16.00 Uhr

Allianz Arena

Für den Fußball wird in Bayern alles gegeben! Das Highlight für Architektur- wie auch für fußballbegeisterte Stadienfans. Wer ist nicht schon staunend auf der Autobahn nachts an der weiß, blau und rot leuchtenden gigantischen wie eleganten Membranhülle mit mehreren Tausend Kunststoffkissen vorbeigefahren! Von den Schweizern Herzog & de Meuron nur für den Fußball konzipiert, wurde die Arena mit beeindruckender Technik für etwa 340 Millionen Euro gebaut. Seit der Eröffnung im Frühjahr 2005 ist sie das modernste Hightechstadion Europas.

Werner–Heisenberg-Allee 25
München – Fröttmaning
www.allianz-arena.de
Öffnungszeiten: 10.00 – 18.00 Uhr

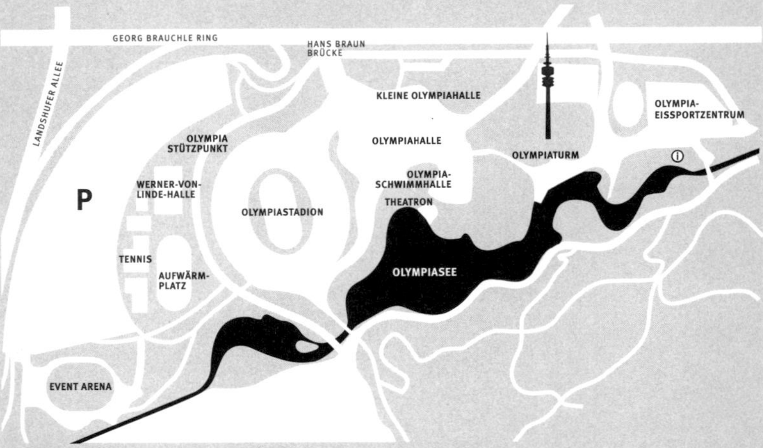


Olympia Park

Benisch und Partner bekamen 1966 den Zuschlag ein drei Quadratkilometer großes Sport- und Wohnareal für die XX. Olympischen Spiele im Jahre 1972 zu bauen. Frei Otto baute dazu das abgespannte Dach aus Acrylglas, das heute noch Millionen Menschen begeistert. Der 290m hohe Fernsehturm ist mit ein Wahrzeichen für München geworden, außerdem genießt man von hoch oben eine herrliche Sicht über die Stadt. Heute finden hauptsächlich Konzerte und Sportevents auf der Anlage statt.

Spiridon-Louis-Ring 21
www.olympiapark-muenchen.de
Öffnungszeiten:
Turm von 9.00 – 24.00 Uhr

## AUSSICHTSPUNKTE

Alter Peter

Wer die mühevollen 300 Stufen zur Spitze des Alten Peter geschafft hat, wird mit einem Blick über den Marienplatz und manchmal auch bis zu den Bergen belohnt.

Rindermarkt 1
Öffnungszeiten Turm: Sommer Mo – Sa 9.00 – 19.00 Uhr; Sonn- und Feiertag 10.00 – 19.00 Uhr, Winter Mo – Sa 9.00 – 18.00 Uhr; Sonn- und Feiertag 10 – 18 Uhr

## DO SOMETHING YOU HAVE NEVER DONE BEFORE

Das Olympiazelt von oben kennen lernen

Es ist sicher ein kleines Abenteuer, doch gerade das sind doch die unwiderruflichen Erinnerungen, die bei einer fremden Stadt den besonderen Reiz ausmachen. Welches Architekturwerk beeindruckt mehr als das frei schwebende Dach von Konstrukteur und Planer Frei Otto, das der staunenden Welt 1972 zur Olympiade vorgestellt wurde. Der Anstieg ist auf den durchsichtigen Acrylglasplatten am Anfang etwas gewöhnungsbedürftig, doch nach kurzer Zeit macht der Aufstieg richtig Spaß. Oben wird man dafür mit einer herrlichen Sicht belohnt. Nach eineinhalb Stunden haben Sie dann wieder gewohnten Boden unter den Füßen.

Von April bis Ende Oktober jeden Tag um 14.30 Uhr (außer bei Veranstaltungen im Stadion). Das Mindestalter beträgt zehn Jahre. Preis pro Person 25 Euro (am Wochenende, an Feiertagen und in den Schulferien für Erwachsene 30 Euro).

Auskunft: Olympiapark München
Tel: 0049 (0)89 30672414 (auch Ticketbestellung)
www.olympiapark-muenchen.de

### Frauenkirche

Die größte Hallenkirche des Freistaates Bayern erkennen Sie schnell an den zwei Türmen mit den knuffigen Hauben. Mit richtigem Namen heißt die 1494 fertiggestellte Kirche „Domkirche zu unserer lieben Frau". Viele Kunstwerke sind erst im Zuge der Renovierung wieder in die Kirche gelangt. Wussten Sie, dass Papst Benedikt XVI. – ehemals Joseph Ratzinger – in dem Dom die Bischofsweihe empfing?

Frauenplatz 1
Öffnungszeiten: Sa – Mi 7.00 – 19.00 Uhr, Do 7.00 – 20.30 Uhr, Fr 7.00 – 18.00 Uhr

## OKTOBERFEST

### Geschichte

Die Wurzeln des weltberühmten Oktoberfests liegen in den prachtvollen Hochzeitsfeierlichkeiten des Kronprinzen Ludwig von Bayern mit Prinzessin Therese von Sachsen-Hildburghausen im Jahre 1810, die sich auf diesem Platz fünf Tage lang abgespielt haben. Der Gemahl sollte später der bekannte König Ludwig I. werden, während die Gemahlin ihren Namen „Theresienwiese" der Festwiese geben durfte. Daher auch die Münchner Bezeichnung „Wiesn" für das Oktoberfest. Heute ist aus der Wiese ein betonierter Platz geworden, doch der Ort ist der gleiche geblieben. Der Ursprung des im Oktober ausgerichteten Fests liegt im Pferderennen, das die Hochzeit abschloss und so beliebt war, dass man es im nächsten Jahr wiederholen wollte. Und schon war der Grundstein gelegt. Während der Kriege war Pause, doch 1950 erinnerte man sich wieder an die Tradition und nahm den Anstich des ersten Bierfasses um Punkt 12.00 Uhr zum Anlass der Wiederbelebung. Das Pferderennen dagegen verschwand.

### Und heute

Heute freuen sich die Münchner auf die Wiesn wie die Kinder auf das Weihnachtsfest. Knapp 7 Millionen

Gäste besuchen jährlich das zweiwöchige Fest mit einem Bierumsatz von 60 Millionen Euro. Obwohl sich mehr als die Hälfte der Münchner wünschen, dass auch Bier aus dem Umland der Stadt angeboten wird, bleiben die Münchner Brauereien stur und lassen nur Münchner Bier auf der Wiesn zu. Welches bei den Blindverkostungen das beste Bier ist, wechselt und interessanterweise erkennen häufig nicht einmal die Brauereibesitzer selber ihr eigenes Bier.

Zeitpunkt:
Ende September/Anfang Oktober

## REINHEITSGEBOT

Das Bayerische Reinheitsgebot wurde am 23. April 1516 durch die Herzöge Wilhelm IV. und Ludwig X. beschlossen. Es besagt, dass zur Herstellung von Bier nur Gerste, Hopfen und Wasser verwendet werden dürfen. Hefe wird im Reinheitsgebot nicht erwähnt, da sie 1516 kaum bekannt war, obwohl sie der vierte nötige Rohstoff für Bier ist und eine wesentliche Voraussetzung für den Gärungsprozess. Ferner setzte das Gebot auch die Preise fest und sicherte dadurch dem Volk sein Grundnahrungsmittel. Auch heute basiert unser Biergesetz auf dem Reinheitsgebot, welches immer noch ein Garant höchster Qualität ist.

## DIE BIERGÄRTEN

Was wäre München ohne seine Biergärten! Besucher sind nicht ohne Neid und voller Bewunderung für diese herrliche Erfindung und können von ihnen gar nicht genug bekommen. Die Entstehung geht auf eine Zeit um 1539 zurück, als man in München im Sommer wegen der Brandgefahr nicht brauen durfte. Aus der Not legte man Vorräte an, die aber gekühlt werden mussten.

Das klappte nur in der Nähe von Weihern, wo man das Eis vom Winter abstach und in tiefen Eiskellern lagerte. Kastanienbäume wurden als Schattenspender gepflanzt. Da damit die Stadtwirte im Sommer in Rage kamen, beruhigte man sie mit dem Vorschlag, dass kein Essen in diesen Gärten verkauft werden durfte. Eine Regel, die bis heute steht: Noch in vielen Biergärten dürfen Sie Ihr Essen selber mitbringen, doch als sich die Lage entspannte, boten auch die Biergartenwirte Essen mit an. Das Schöne ist, dass hier alle sozialen Schichten aufeinandertreffen. Nachdem die „Waldwirtschaft" in Großhesselohe aus Lärmgründen früher schließen sollte, gab es sogar eine Protestdemo in Haidhausen. Der Biergarten ist den Münchnern halt heilig und das ist absolut verständlich.

Taxisgarten

Unter schattenspendenden Kastanien lässt es sich gemütlich über durstlöschende Maßnahmen mit dem besten Obatzdn (eine Käsekräutermischung) Münchens und einer frischen Brez'n nachdenken. Weniger mit Buden zugestellt als andere Biergärten, doch finden Sie auch hier alle Biergartenschmankerl. An diesem Fleck ist München unter sich, denn Touristen verirren sich selten in dieses Viertel.

Taxisstraße 12
München – Neuhausen
Öffnungszeiten: 10.30 – 23.00 Uhr
Tel: 0049 (0)89 156827
www.taxisgarten.de

Aumeister

In den Münchner „Biergarten Top Ten" liegt er auf Platz zwei. Die Lage am nördlichen Ende des Englischen Gartens macht ihn zu einem beliebten Ausflugsziel. Um 1810 veranstaltete Prinzregent Luitpold hier seine Jagdausflüge. Heute zieht der Garten Sportler, Studenten und Familien an, die das Hofbräu-Bier mit Steckerlfisch genießen, eine Spezialität, die es nicht in jedem Münchner Biergarten gibt.

Sondermeierstraße 1
München – Hirschau
Öffnungszeiten: 10.00 – open end
Tel: 0049 (0)89 325224
www.aumeister.de

Waldwirtschaft – Wawi

An der Beliebtheit dieser romantischen Bieroase im Münchner Süden hat sich bis heute nichts, an ihrem äußeren Erscheinungsbild nur wenig geändert, denn das Wirtspaar hat mit viel Liebe und großem Einsatz der Waldwirtschaft ihren ursprünglichen Charme zurückgegeben. Beliebter Promitreff der Münchner Szene, doch am Ende lieben „die Wawi“, liebevoll genannt, alle Münchner. Eine Spezialität sind die Ausgezogenen, ein süßer frittierter Fladen.

Georg-Kalb-Straße 3
München – Großhesselohe
Öffnungszeiten: Täglich 11.00 – 23.00 Uhr
Tel: 0049 (0)89. 74994030
www.waldwirtschaft.de

## MÜLLERSCHES VOLKSBAD

Ein wunderschönes altes Jugendstilbad mit Wellnessbereich. Ein Münchner Klassiker in Haidhausen, besonders im Winter. Im gleichen Gebäude kann man anschließend im Café Stör noch etwas trinken.

Rosenheimerstraße 1
München – Haidhausen
Öffnungszeiten: Mo 7.30 – 17.00 Uhr, Di – So 7.30 – 23.00 Uhr
Tel: 0049 (0)1801 796223

## ÜBER DIE GRENZEN HINAUS BEKANNT

Schumann's Bar

Eine runde Sache. Nach und nach haben sich alle Gäste an den Umzug von der Maximilianstraße an den Odeonsplatz gewöhnt. Der Qualität hat es keinen Abbruch getan, es hat sogar bei der Küche eines draufgesetzt. Die Kochkünste sind – ebenso wie die Cocktails – herausragend gut, und so ist München sein Liebling in verjüngter Form erhalten geblieben.

Odeonsplatz 6
München – Zentrum
Öffnungszeiten: 17.00 – 3.00 Uhr,

Sa + So 18.00 – 3.00 Uhr
Tel: 0049 (0)89 229060

Schumann's Tagesbar

Wie abends im Schumann's können Sie schon tagsüber in der Tagesbar das fein abgestimmte Ambiente genießen. Hier treffen sich Bänker und schicke Leute aus den Fünf Höfen zur kleinen Pause. Auch gute, leichte Gerichte werden angeboten.

Maffeistraße 6
München – Zentrum
Öffnungszeiten: So geschlossen, Mo – Fr 8.00 – 21.00 Uhr, Sa 9.00 – 19.00 Uhr
Tel: 0049 (0)89 24217700
www.schumanns.de

## SHOPPING

Bayerische Hoflieferanten

Hoflieferanten haben immer schon ein besonderes Flair von der guten alten Qualität. Zu den Bayerischen Hoflieferanten gehörten heute von ehemals 300 noch 50 Geschäfte. Um den begehrten Titel „Königlich Bayerischer Hoflieferant" zu erwerben, musste der Geschäftsinhaber ein Gesuch an den Königlich Bayerischen Obersthofmeister Stab richten. Man musste Bayerischer Staatsbürger sein und saubere Vermögensverhältnisse, ein exklusives Geschäft und eine königstreue Gesinnung vorweisen.
Wenn dem Antrag stattgegeben wurde, durfte das königliche Wappen im Firmenzeichen getragen werden. Hoflieferant zu sein, bedeutete aber nicht, dass Waren an den Hof geliefert wurden. Viele denken, dass man den Titel dann bekommen hatte, wenn der Hof sich von diesen Geschäften beliefern ließ.

Hofpfisterei

Hofpfisterei

Die Hofpfisterei ist Kult in München und steht für Genuss und traditionelles Handwerk. Spezielle Backtechniken geben dem Pfisterbrot seinen einmaligen Geschmack. Es gibt über 30 Brotsorten aus reinem Natursauerteig, die alle länger als andere Brote und aus ökologischen Zutaten gebacken werden. Ein Pfisterbrot hält bis zu einer Woche. Ein Zeichen, an dem Sie hochwertiges Brot erkennen. Die Brez'n aus der Hofpfisterei haben einen besonders würzigen Geschmack, ohne zu trocken zu sein.

Viktualienmarkt, Laden 5
München – Zentrum
Tel: 0049 (0)89 224109
Öffnungszeiten: Mo – Fr 7.00–
18.30 Uhr, Sa 6.54 – 17.00 Uhr

Liebigstr. 10 a
München – Lehel
Tel: 0049 (0)89 21031475
Öffnungszeiten: Mo – Fr 7.15 –
18.30 Uhr, Sa 7.15 – 13.00 Uhr
www.hofpfisterei.de

Eduard Meier

Eduard Meier liefert seine Schuhe wieder mit der Kutsche aus. Im ältesten deutschen Schuhhaus, das auf das Jahr 1500 zurückgeht, gleich gegenüber der Oper, finden Sie handgemachte Schuhe für Herren, Designerschuhe für Damen und klassische Bekleidung aus authentischem Loden und Tweed.

Eduard Meier
Residenzstraße 22
Tel: 0049 (0)89 220044
Öffnungszeiten: Mo – Fr 10.00-
19.00 Uhr, Sa 10.00 – 18.00 Uhr
www.edmeier.de

RADSPIELER

Radspieler

Eine feine Institution in München. Wer schöne Servietten, Geschirr, Möbel, Spielzeug und Stoffe mit Anspruch sucht, wird das Geeignete finden. Nichts ist hier hip und trendy, stattdessen sind die Produkte gut und haben sich schon lange bewährt. Der ideale Laden für Geschenke und Mitbringsel aus Deutschland.

Hackenstraße 4 und 7
München – Innenstadt
Öffnungszeiten: Mo – Fr 10.00 –
19.00 Uhr, Sa 10.00 – 18.00 Uhr
Tel: 0049 (0)89 2350980
www.radspieler-muenchen.de

Weiter gehören die Porzellan Manufaktur Nymphenburg, Marstaller (Reisegepäck), Schachinger (Künstlerbedarf), Andreas Huber (Uhren), Dallmayr, der Bayerische Hof, Ludwig Beck, Röckl (Handschuhe), Maendler (Bekleidung) und einige mehr dazu.

Servus Heimat

Der charmante Souvenirladen aus München aus dem „Jetzt und Heute". Natürlich mit vielen nostalgischen Favoriten wie Kitsch mit König Ludwig und bekannten Figuren aus der Münchner Prominenz. Es gibt eine geschmackvolle textile Kollektion, die wirklich nett aufgemacht ist. Doch auch die Weißwurst aus Marzipan mit Senf und Brezel fehlt nicht. Ein Muss für alle Souvenir- und Kitschsammler.

Ledererstraße 17
München – Zentrum
Öffnungszeiten: Mo – Sa 10.00 – 20.00 Uhr
Tel: 0049 (0)89 24294780
www.servusheimat.com

Sams & Son

Wer historische schöne Koffer ebenso liebt wie alte Spielsachen und Dinge aus der Welt des Reisens, der liegt hier genau richtig. Liebevoll zusammengesammelt, mit ein paar passenden Spielsachen ergänzt, finden Sie die Lieblingsteile, die Sie nie wieder hergeben möchten.

Fraunhoferstraße 23
München – Glockenbachviertel
Öffnungszeiten: Mo – Fr 13.00 – 19.00 Uhr, Sa 11.00 – 14.00 Uhr
Tel: 0049 (0)89 2015735
www.alte-koffer.de

Leute – alles aus Holz

Holzliebhaber sollten an diesem Laden nicht vorbeigehen. Egal ob aus Eiche, Kirsche, Olive oder Nussbaum – auf zwei Etagen verteilt, findet man Schalen, Brettchen, Salatbesteck, Hobel und Lampen, Der Keller ist den Messern und Raucherartikeln vorbehalten. Besonders schön sind die großen Holzschalen.

Viktualienmarkt 2/Ecke Marienplatz
München – Zentrum
Öffnungszeiten: Mo – Fr 10.00 – 19.00 Uhr, Sa 10.00 – 18.00 Uhr
Tel: 0049 (0)89 268248
www.holz-leute.de

Serie A

Kleiner ungewöhnlicher Konzeptstore mit Kollektionen wie Vanessa Bruno, Miu Miu und Y's. Ein Laden, der auf den ersten Blick mehr nach Berlin-Mitte passt, doch sich auch in München unter dem Parkhaus im Glockenbachviertel gut macht und inzwischen als feste Größe etabliert ist.

Hildegardstraße 2
München – Glockenbachviertel
Öffnungszeiten: Mo – Fr 10.00 – 19.00 Uhr, Sa 10.00 – 18.00 Uhr
Tel: 0049 (0)89 26019055
www.serieastore.com

POOL
fashion . music . lounge

Pool

Mitten in der etablierten Maximilianstraße versteckt sich im Keller der Passagen der krasseste Konzeptstore der Stadt. Neben punkiger Mode werden Accessoires und Musik im Stil einer Lounge angeboten. Das Publikum setzt sich aus internationalen Fashion Victims unter 35 Jahren zusammen.

Maximilanstraße 11
München – Zentrum
Öffnungszeiten: Mo – Fr 10.00 – 19.00 Uhr , Sa 10.00 – 18.00
Tel: 0049 (0)89 266035
www.verypoolish.com

Theresa

Theresa ist und bleibt in München die Top-Adresse für die modehungrigen Etablierten und Reichen. Immer so aktuell, wie die Kunden noch wagen würden, und mit dem untrüglichen Riecher für die richtige Mischung. Schon seit Jahren gehört Schumacher zu den Lieblingskollektionen. Es gibt außerdem eine gute Schuhauswahl.

Maffeistraße 3
München – Zentrum
Öffnungszeiten: Mo – Fr 10.00 – 19.00 Uhr, Sa 10.00 – 18.00 Uhr
Tel: 0049 (0)89 224845
www.mytheresa.de

off & co

Etwas abseits der Altstadt in Schwabing liegt eine Adresse für Mode, bei der es sich lohnt vorbeizufahren. Auf zwei Etagen werden nicht nur die wichtigsten Jeansmarken angeboten, sondern auch die Marken

Prada, Victoire aus Paris, Tocca, Etro und Cronella – in einer modischen und dennoch tragbaren Mischung.

Belgradstraße 5
München – Schwabing
Öffnungszeiten: Mo – Fr 10.00 – 19.00 Uhr, Sa 10.00 – 18.00 Uhr
Tel: 0049 (0)89 3003153
www.offandco.com

Lebensart R. Wittgenstein
Mehr als ein Shop, hier wird die ganze Idee vom schönen Leben verkauft. Vom schnöden Objekt über Bücher, Garten- und Strandsachen findet man zu der passenden Mode alles, was ein kultivierter modebewusster Mensch heute eben so braucht. Die Modeauswahl ist hier farbenfroher, lebenslustiger und top aktuell mit vielen Marken aus Los Angeles.

Blumenstraße 17
München – Innenstadt
Öffnungszeiten: Mo – Fr 10.00 – 19.00 Uhr, Sa 10.00 – 18.00 Uhr
Tel: 0049 (0)89 24234600
www.rwittgenstein.com

## GLOCKENBACHVIERTEL

Das Glockenbachviertel ist das entspannteste Viertel in München. Die Bewohner sind wie in allen Hippvierteln jünger und alle scheinen das Leben hier intensiver zu genießen. Den Bewohnern entsprechend haben in den letzten Jahren viele ungewöhnliche Läden und Cafés eröffnet. Alles liegt dicht an dicht beieinander, sodass es ein Vergnügen ist, sich von einem Geschäft in das nächste zu stürzen und etwas von der Gelassenheit mitzunehmen.

Walter & Benjamin Weinbar
Am Tag eine Weinhandlung, die sich abends in eine kleine feine Weinbar mit leckeren Kleinigkeiten verwandelt. Nett, um abends in schöner Atmosphäre einen der vielen Weine zu probieren und dazu ein wenig Käse oder einen exzellenten Tafelspitz – Was braucht es mehr?

Rumfordstraße 1
München – Glockenbachviertel
Öffnungszeiten: Mo 10.00 – 20.00 Uhr, Di – Sa 10.00 – 23.00 Uhr
Tel: 0049 (0)89 26024174

Slips

Eine Mischung aus Wäschegeschäft im Boudoir-Stil und einem Store mit Marken aus Amerika, England und auch Deutschland. Diese Institution der Stadt und des Gärtnerplatzviertels ist in Sachen Mode immer eine Nasenlänge voraus. Außerdem gibt es eine beachtlich große Auswahl an Bademoden, ergänzt von passenden Schuhen und Kollektionen von Paul Smith, Splendid, Diane Fürstenberg und anderen.

Am Gärtnerplatz 2
München – Glockenbachviertel
Öffnungszeiten: Mo – Fr 10.30 – 19.00 Uhr, Sa 10.30 – 18.00 Uhr
Tel: 0049 (0)89 2022500
www.slipsfashion.com

Susanne Bommer

Japanisch anmutende, zart gearbeitete Kollektion, die mit wenigen Stoffen auskommt, aber eine reiche Farbauswahl bietet und mit vielen Details arbeitet. Die Designerin stammt aus München und ist schon über zehn Jahre dabei, doch am besten verkauft sich ihre Kollektion in Japan. Sie ist mit zwei Geschäften, eines in Haidhausen und eines im Glockenbachviertel, in München vertreten. Die Preise sind nicht überzogen.

Rumfordstraße 4
München – Glockenbachviertel
Öffnungszeiten: 11.00 – 19.00 Uhr, Sa 11.00 – 18.00 Uhr
Tel: 0049 (0)89 26949884
www.susannebommer.com

Spielbar Tragbar

Geschäftsführerin Tanja Stadler verkauft ihren Zwirn nur zu Preisen, die sie selbst auch bereit wäre zu zahlen. Da kann schon mal ein Hemd von Raf Simons für 100 statt der in Paris verlangten 500 Euro über den Tresen wandern.

Frauenhoferstraße 11 + Klenzestraße 40 im Hinterhof
München – Glockenbachviertel
Öffnungszeiten: Mo – Fr 11.00 – 19.00 Uhr, Sa 11.00 – 18.00 Uhr
Tel: 0049 (0)89 25 54 44 30
www.spielbartragbar.com

Aroma

So ein sympathisches Café. Überall stehen die feinsten Dinge aus aller Herren Länder herum und dazwischen stehen Tische und Stühle. Die Kuchen möchte man am liebsten alle gleichzeitig essen, doch gibt es auch Suppen und Salate für den salzigen Hunger zwischendurch. Hier könnte man Tage mit seinem Buch oder

Laptop verbringen, mal etwas kosten und mal etwas trinken. Herrlich.

Pestalozzistraße 24
Tel: 0049 (0)89 26949249
www.aromakaffeebar.com

## WO ALLES UNTER EINEM DACH IST

Die Fünf Höfe

Das Architektenbüro Herzog & de Meuron mit dem Tessiner Ivano Gianola setzten mit dem Bau „Die Fünf Höfe" einen Meilenstein für anspruchsvolles Einkaufen auf angenehmste Art. Auf ca. 14 000 Quadratmetern haben 54 Ladengeschäfte, Cafés und Restaurants ihre Zelte aufgeschlagen und angenehm verteilt, so dass selbst Center abgeneigten Menschen das Schlendern Spaß macht. Hier die interessantesten Läden:

Manufaktum: Es gibt sie noch, die guten Dinge. Das Kaufhaus zum Versandkatalog mit Dingen des täglichen Bedarfs mit Schwerpunkt Haushaltswaren, Bürobedarf, Lebensmittel und Spielsachen. Bei Manufaktum ist die schlichte klare Darstellung Teil des Konzeptes.

Mohrmann Basic: Nur auf den ersten Blick klassisch, doch wenn man genauer hinschaut, sieht man die feinen ausgewählten Accessoires rund um die Themen Wäsche, Schlafengehen und „gemütlich zu hause sein". Von der stylischen Schlafbrille bis zum hinreißenden Schlafanzug gibt es alles, was ein Wochenende zuhause verschönert.

Magazin: Hier finden Sie Dinge für den Alltag, das heißt: Möbel und sonstige Einrichtungsutensilien für Arbeits-, Wohn- und Schlafräume, für Küche, Kinder, Bad und Garten. Vielen Produkten im Magazin liegt eine besondere Idee zugrunde – sei es durch ungewöhnlichen Materialgebrauch oder mehrfache Nutzungsmöglichkeiten.

Muji Store: Europas größter Muji Store auf 800 qm Verkaufsfläche. Japanische Produkte für den Alltag im minimalistischen Design zu fairen Preisen. Es gleicht einem Kaufhaus, doch alle Dinge tragen die gleiche stilistische Handschrift. Übrigens, der Name „MUJI" ist die abgeleitete Form von Mujirushi Ryohin, was „Qualitätsprodukte ohne Label" bedeutet.

Ludwig Beck

Das Modekaufhaus im Herzen Münchens. In den verschiedenen Abteilungen kommt jeder Stil und jedes Alter auf seine Kosten. Dazu gibt es noch eigene Marken mit Basics, die aber eher klassisch orientierte Menschen ansprechen. Ein beliebter Ort für Strümpfe, Accessoires und Modeschmuck aller Art.

Marienplatz 11
München – Zentrum
Öffnungszeiten: Mo – Fr 10.00 – 19.00 Uhr, Sa 10.00 – 18.00 Uhr
Tel: 0049 (0)89 236910
www.ludwigbeck.de

## ZURÜCK IN DAS WIRTSCHAFTSWUNDER

Café Kubitscheck

Das Kubitscheck ist eine Institution. Konditorei und Café sind in den 50ern gebaut und dank dem Besitzer, Armin Stegbauer, mit vielen originalen Details, sogar der Tischdeko original erhalten. Die Kuchen sind legendär und nach alten Rezepten gebacken. Zusätzlich bietet das Café Kubitscheck auch Kochkurse unter dem Namen „Wirtschaftswunder" an. Nur am Wochenende geöffnet!

Waldfriedhofstraße 105
München – Hadern
Öffnungszeiten: Fr – So 8.00 – 17.00 Uhr
Tel: 0049 (0)89 71049126
www.cafe-kubitscheck.de

## FLOHMARKT

Flohmarkt in Riem

Bayerns größter Freiflächenflohmarkt bietet alles von der Pelzmütze bis zur Großvateruhr. Bei schönem Wetter tummeln sich bis zu 1 000 Besucher zwischen den Ständen.

Messe München-Riem
Paul–Henri-Spaakstraße
Einfahrt Tor 12
Öffnungszeiten: 6.00 – 16.00 Uhr
www.flohmarkt-riem.com

## DER ENGLISCHE GARTEN

Der Englische Garten zählt zu den großflächigsten Parks der Welt. Er wurde 1810 fertig gestaltet und hat ein Ausmaß von fast vier Quadratkilometern. Der Englische Garten bietet endlose Joggingtouren, Platz für Kinder, Oasen zum Picknicken und Wiesen zum Sonnenbaden. Nicht zu vergessen: der Biergarten am Chinesischen Turm, der Aumeister am nördlichen Ende und das Japanische Teehaus, in dem regelmäßig Teezeremonien stattfinden.

Japanisches Teehaus
Prinzregentenstraße 1
Tel: 0049 (0)89 224319
Teezeremonie: 1. April – 1. November
jedes zweite und vierte Wochenende
Sa + So um 15.00 + 16.00 + 17.00 Uhr

Biergarten am Chinesischen Turm
Er ist seit Jahren der angesagte Biergarten im Sommer. Zur bayerischen Musik von der Blaskapelle tummeln sich hier Massen an buntem Volk und trinken genüsslich ihr Bier.

Englischer Garten 3
München – Schwabing
Öffnungszeiten: 10.00 – 23.00 Uhr
Tel: 0049 (0)89 3838730

## NICHTS WIE RAUS

Murnau und das beste Bier Bayerns
Murnau liegt 35 Minuten von München entfernt in Richtung Garmisch. Das Bier der Brauerei Karg wäre schon Grund genug nach Murnau zu fahren. Es finden sich aber noch zwei attraktive Ausflugsmöglichkeiten, um beides miteinander zu verbinden.

Murnauer Moos
Dieser größte ursprüngliche Moorkomplex führt Sie ein in die verschie-

denen Phasen des Moores. Es ist ein komplett intaktes Hochmoor mit einer seltenen, nur für Moorlandschaften typischen Vegetation.

Vom Boot aus nimmt man die Landschaft noch mal ganz anders wahr und es macht im Sommer richtig Spaß ein wenig aktiv zu sein. Schwimmwesten werden mit den Schlauchbooten zusammen verliehen, doch sollte man darauf achten Kleidung dabei zu haben, die auch nass werden darf. Die Fahrt im Boot von Farchant nach Murnau dauert drei Stunden. Unbedingt vorher anrufen und reservieren!

Termine Mittwoch und Sonntag
Erwachsene 20 Euro
Kinder 10/ 15 Euro je nach Alter
Tel: 0049 (0)8841 6769870
www.bavariaraft.de

Kargs Bräustüberl

Für viele Münchner hat die Brauerei Karg das beste Bier um München herum. Eine Spezialität der Küche ist die legendäre Schweinshaxe mit Knödeln und Salat. Wer sich eine ganze Portion nicht zutraut, kann auch eine halbe bestellen.

Untermarkt 27
Tel: 0049 (0)8841 8272
Öffnungszeiten: Montag geschlossen

Zum Gasthaus „Zum Fischmeister" – alias Bierbichler – an den Starnberger See

Es ist nicht ganz nah und Sie brauchen ein Auto, doch es lohnt sich auf jeden Fall den Weg auf sich zu nehmen. Die Atmosphäre des puristischen Gasthofs mit Biergarten und eigenem kleinen Strand zum Baden ist eine Legende. Die Kundschaft kommt am Wochenende von weit her und es ist bei Bier und bayerischer Kost immer rappelvoll. In der Woche haben die wohlhabenden Nachbarn ihren geliebten Fischmeister für sich allein und die Stimmung ist intimer. Ein herrlicher Ort zum „Abhängen" und ab und zu ein Bad zum Wachwerden zu nehmen.

Ambach am Starnberger See
Seeuferstraße 31
Tel: 0049 (0)8177 533
Öffnungszeiten: Mo + Di geschlossen, Sa + So ab 12.00 – 23.00 Uhr, Mi, Do , Fr ab 16.00 Uhr – 23.00 Uhr

## VIKTUALIENMARKT

Der Viktualienmarkt hat sich vom ursprünglichen Bauernmarkt zum beliebten Einkaufsplatz für Feinschmecker entwickelt. Nirgendwo in München findet sich ein größeres Angebot an frischen Lebensmitteln und Feinkostartikeln.

Viktualienmarkt
München – Zentrum
Öffnungszeiten: Mo – Fr 7.30 – 18.00 Uhr, Sa 7.30 – 14.00 Uhr

## BEST OF MÜNCHEN

Bester Fisch
Fisch Witte
Sie haben alles, was schwimmt. Zweimal täglich wird der frische Fisch geliefert und so schmeckt es auch. Besonders köstlich sind der Loup de mer mit frischem Salat und die Pasta mit Meeresfrüchten. Antonio, der Koch, weiß genau, worauf es bei Fisch ankommt. Leider wissen das auch andere, so dass der Pavillon auf dem Viktualienmarkt immer rappelvoll ist.

München – Zentrum
Viktualienmarkt 9
Tel: 0049 (0)89 222640
Öffnungszeiten: Mo – Fr 7.00 – 18.00 Uhr, Sa 7.00 – 14.00 Uhr

Fisch und Krustentiere
Atlantik Fisch und Feinkost
Die Lage des alten Backsteingebäudes direkt am Eingang der Großmarkthalle ist schon mal cool. In dem Gebäude befinden sich das Weinlager, ein Separée zum Essen in kleiner Runde. Draußen, man glaubt es nicht, wird Sommer wie Winter in dem beheizbaren Garten gegessen. Der Garten ist ein Mix aus Toskana und Sylt, aber durchaus gelungen. Die Fische sind frisch und die Stimmung ganz lustig, doch das hat auch seinen Preis, der einigen Gästen auch mal etwas „fischig" vorkommt.

Zenettistraße 12
München – Schlachthofviertel
Tel: 0049 (0)89 74790610

### Bester Käse

Tölzer Kasladen

Der best besprochenste Käsestand auf dem Viktualienmarkt. Alle feinen Restaurants wie das Tantris lassen sich von Susanne Hoffmann den Käse liefern.

Viktualienmarkt
Stand 4
Tel: 0049 (0)89 226322
Öffnungszeiten: Mo – Fr 9.00 – 18.00 Uhr, Sa 8.30 – 13.00 Uhr
www.toelzer-kasladen.de

### Bester japanischer Imbiss

Shoya

Kleine japanische Snacks bekommt man außerhalb Japans noch sehr selten. Dabei gibt es in Japan wirklich mehr als Sushi zu essen. Probieren Sie mal ein Ebi Don – gebratene Garnelen auf Reis im Bambustopf, Ramen-Suppe und Yakisoba-Buchweizenmehlnudeln. Doch auf Sushi müssen Sie auch hier nicht verzichten. Zum Nachtisch gibt es Eis aus grünem Tee oder roten Bohnen. Es schmeckt nicht nur wie in Japan, sondern sieht auch aus wie ein Imbiss in Tokyo. Überall kleben Fotos von den Gerichten an den Wänden, damit Sie auch wissen, was sie da essen.

Orlandostraße 5 oder Frauenstraße 18 am Viktualienmarkt
Tel 0049 (0)89 292772
Öffnungszeiten: Mo – Sa bis 22.00 Uhr

### Beste Bratwürstel

Nürnberger Bratwurstglöckl am Dom

Das Bratwurstglöckl war das zweite Zuhause Karl Valentins und ist es noch für alle Touristen der Welt. Die Bratwürstel sind damals wie heute unvergleichlich gut und das Ambiente unverändert münchnerisch rustikal. Wer es eilig hat, kann die Würstel auch im Stehausschank im Hof genießen. Das Interieur veränderte sich im Laufe der Jahre kaum – viel Patina, alte Holzvertäfelungen und abgeschrubbelte Tische.

Frauenplatz 9
München – Zentrum
Öffnungszeiten: Mo – Sa 10.00 – 1.00 Uhr, So 11.00 – 24.00 Uhr
Tel: 0049 (0)89 2919450
www.bratwurst-gloeckl.de

Bester Apfelkaiserschmarrn

Beim Sedlmayr

Bei Rudi Färber in der Gaststätte beim Sedlmayr bekommen Sie neben guten Gerichten rund ums Kalb den besten Apfelkaiserschmarrn überhaupt. Er ist leicht karamelisiert, aber nicht zu süß und ein wenig frisch durch die Äpfel. Auf den Punkt gebracht und eine Köstlichkeit, die man bei jedem Münchenbesuch wieder genießen möchte.

Westenriederstraße 6
ein paar Schritte vom
Viktualienmarkt
Tel: 0049 (0)89 226219
Öffnungszeiten: So geschlossen,
Mo – Fr 9.00 – 23.00 Uhr,
Sa 8.00 – 16.00 Uhr

Bester Espresso

Grano

Das Café Grano ist eine dieser versteckten Wundertüten. Ganz erstaunt ist man, was diese kleine Snackbar alles kann. Zum Beispiel eine der besten Pizzen der Stadt backen, den besten Espresso brühen und exquisite Pasta kochen. Ein Ort, der zu jeder Uhrzeit das passende Angebot bietet. Das Ambiente erinnert an eine lässige WG mit Kochtresen.

Sebastiansplatz 3
Eingang Nieserstraße
Tel: 0049 (0)89 23269939
Öffnungszeiten: Täglich
9.00 – 23.00 Uhr

Bestes Curry

Yum2take

Köstlicher Thaisnack in modernem stylischem Ambiente. Die Produkte sind zum Teil aus biologischem Anbau und das Fleisch aus biologischer Viehzucht. Es gibt köstliche Currys und andere Spezialitäten, die schnell und ganz frisch zubereitet werden. Ein guter Tipp für alle, die allein unterwegs sind.

Sebastiansplatz 8
München – Zentrum
Öffnungszeiten: Mo – Sa 11.00 –
23.00 Uhr, So 15.00 – 23.00 Uhr
Tel: 0049 (0)89 66063613
www.yum2take.de

Beste Schmalznudel

Café Schmalznudel

Es ist eigentlich unglaublich: An den Tischchen draußen werden für 80 Cent Schmalznudeln – frittierte ausgezogene Fladen mit Zucker – serviert; und das direkt am Viktualienmarkt. Wahrscheinlich Münchens günstigstes Frühstück. Es ist zwar etwas touristisch, aber dennoch eine Institution, schön schräg, und die Schmalznudeln süß und lecker.

Prälat-Zistl-Straße 8
München – Zentrum
Öffnungszeiten: So geschlossen,
Mo – Fr 7.00 – 18.00 Uhr,
Sa 5.00 – 17.00 Uhr
Tel: 0049 (0)89 268237

### Beste Brezen und Brot

Hofbäckerei Pfister siehe S. 98

### Bestes Schnitzel

Königsquelle
In der Königsquelle sitzt es sich nett, der Service ist warmherzig und berät einen liebevoll, besonders, was den Wein anbelangt. Das Schnitzel ist hier ein Klassiker und galt lange als das beste Münchens. Leider ist die Küche leicht eingeknickt, mal gut, mal mittelmäßig, und dennoch ist die Königsquelle immer noch ein sympathisches Lokal mit netten Gästen im Herzen des Glockenbachviertels.

Baaderplatz 2
München – Glockenbachviertel
Öffnungszeiten: So – Fr 17.00 – 1.00 Uhr, Sa 19.00 – 1.00 Uhr
Tel: 0049 (0)89 220071

### Beste Pizza

Pasticceria Bussone
Im Bussone genießen sie die beste Pizza Münchens in improvisierter Großmarkthallen-Atmosphäre. Innen ist es ganz einfach gehalten und vor der Pizzeria stehen Biergartenbänke. Alles fühlt sich sehr authentisch an und die Pizza schmeckt knusprig wie in Italien, was nicht unbedingt selbstverständlich ist.

Thalkirchner Str. 126
Tel: 0049 (0)89 7211229
www.bussone.de
Öffnungszeiten:
Mo – Sa 12.00 – 24.00 Uhr

### Bester Beinschinken Pragerschinken

Dallmayr Delikatesshaus und Café
siehe Seite 82

## PERSÖNLICHKEITEN

Rudolph Moshammer

Nach dem scheußlichen Tod von Rudolph Moshammer verlor München eine seiner kuriosesten, aber auch schillerndsten Figuren der Münchner Schickeria. Stars und Sternchen pilgerten zu seinem Nobelgeschäft in der teuren Maximilianstraße, um sich mit seinen feinen Roben einzukleiden. Für seine exzentrischen Auftritte und der Liebe zu seiner Mutter sowie Hund Daisy verlieh er München einen Hauch Glamour. Wie die Bussi-Gesellschaft ohne ihn auskommt, man weiß es nicht. Auch seinen Hund Daisy hat mittlerweile das Zeitliche gesegnet.

## FILMTIPP

Um sich auf die Stadt München richtig einzustimmen, könnte man unzählige Filme schauen. Einen guten Querschnitt bieten:

1. Gerhard Polt, Fast wia im richtigen Leben
2. Helmut Dietl, Münchner Geschichten
3. Helmut Dietl, Rossini
4. Helmut Dietl, Kir Royal

Das Restaurant zum Film

Rossini – Romagna Antica

Den Film kennt natürlich jeder, und so ist es auch – ja, so ist auch München. Aber es ist nicht nur die gute Stimmung, sondern auch der Raum mit den vielen Fenstern, in dem nicht nur Helmut Dietl gerne sitzt, und die wirklich „italienische" Küche, die so selten ist, seitdem München seine eigene italienische Küche unter Verwendung von Pasta und Reis erfunden hat. Klassiker wie Spaghetti Vongole und Ossobuco mit Risotto Milanese stehen anstelle von Pasta mit Filetspitzen und Rucola auf der Karte. Es stimmt einfach alles.

Elisabethstraße 52
München – Schwabing
Öffnungszeiten: So geschlossen, Mo – Do 12.00 – 14.30 Uhr + 19.00 – 23.00 Uhr Fr + Sa 19.00 – 23.00 Uhr
Tel: 0049 (0)89 2716355

## BUCHTIPP

Schweiggert, Alfons, Karl Valentin. Der Münchnerischste aller Münchner

Karl Valentin ist das Original aus Bayern und ein nach wie vor beliebter Spaßmacher. Aber Karl Valentin ist noch mehr, er war ein Genie, das sich in zahlreichen künstlerischen Begabungen entfaltete: Er war Komiker, Musical-Clown, Schauspieler, Dramatiker, erster Filmunternehmer Bayerns, Handwerker, Sammler, Museums- und Theaterdirektor, kurzum ein grandioser multimedialer Künstler. Alfons Schweiggert portraitiert jede der einzelnen Facetten dieses „Medienhandwerkers des Grotesken". Alle sind miteinander verbunden, durchdringen und beeinflussen sich gegenseitig. Mit einem Vorwort der Valentin-Enkelin Anneliese Kühn.

Schneider, Herbert, Bayerische Seiten aufblättern

Herbert Schneider erfreut mit humorvollen Geschichten aus dem Alltag. Begleiten Sie ihn als Drache über München, schlendern Sie als Tourist durch die Lande und schauen, wo sich ihre Landsleute überall herumtreiben.

Hordych, München für Zugereiste

München ist zu schön, um wahr zu sein. Millionendorf wird es genannt, weil das Zentrum so großzügig und zugleich so überschaubar ist. Ein Leitfaden für eine Stadt, in der man sich aufgrund der Fülle der schönen Möglichkeiten seine eigenen Wege suchen muss, als sei dieses Dorf am Ende doch eine wirkliche Weltstadt.

## WICHTIGE INFORMATIONEN

Tourist office:
Am Marienplatz
Öffnungszeiten:
Montag – Freitag 10.00 – 20.00 Uhr,
Samstag 10.00 – 16.00 Uhr

City-Websites:
www.muenchen.de

Telefonieren:
Deutschland 0049
München (0)89

Transport Flughafen:
Mit den Öffentlichen:
S-Bahn Linie Nr. 8 über Ostbahnhof oder Nr. 1 über Hauptbahnhof ca. 45 Minuten Fahrtzeit.
Die S-Bahnen fahren jede 20 Minuten ab Terminal 1.

Es gibt auch einen Lufthansa-Bus zum Hauptbahnhof.

Mit dem Taxi ins Zentrum:
ca. 45 min. / 55 Euro

Taxiruf:
0049 (0)89 21610
0049 (0)89 450450

Fahrradverleih:
Spurwechsel
Ohlmüllerstr. 5
Tel: 0049 (0)89 6924699
www.spurwechsel.info

Stadtmagazin:
„In München“
www.in-muenchen.de

## MEIN PERFEKTES WOCHENENDE

Freitag:

Samstag:

Sonntag:

# NOTIZEN

NOTIZEN

# NOTIZEN

NOTIZEN

## GUTSCHEIN FÜR EINE PROBEMITGLIEDSCHAFT

Die Buchreihe „Ein perfektes Wochenende in ..." wird herausgegeben vom Online-Cityguide www.smart-travelling.net. Hier finden Sie viele weitere ungewöhnliche Adressen für über 25 europäische Städte. Tipps für Shops, Galerien, Hotels, Snacks und Restaurants. Smart Travelling zeigt nicht alles und jedes, sondern sucht nach dem Authentischen und Besonderen, nach Orten, die das Flair einer Stadt ausmachen und uns immer wieder empfangen wie ein guter Freund.

Werden Sie bei unserem Online-Cityreiseguide www.smart-travelling.net kostenlos Probemitglied für drei Monate. Klicken Sie auf den ersten Schlüsselbutton (Gutschein einlösen) der Homepage und geben Sie im Schritt 2 das folgende Passwort ein:

**MÜ20072-3x897f**

www.smart-travelling.net